맥주의 세계

차례

Contents

맥주에 대한 기본 지식

맥주의 이름

맥주의 어원은 '마신다'는 의미의 라틴어 '비베레BIBERE'이다. 오늘날 세계 각국에서 맥주는 다음과 같이 불리고 있다.

독　　　　일 — 비어(BIER)
포 르 투 갈 — 세르베자(CERVEJA)
프　랑　스 — 비에르(BIERE)
체　　　　코 — 피보(PIVO)
이 탈 리 아 — 비르라(BIRRA)
러　시　아 — 피보(PIVO)
덴　마　크 — 오레트(OLLET)

중　　　국 — 페이주(碑酒)
스　페　인 — 세르비자(CERVEZA)

맥주의 뿌리

오늘날 우리가 즐겨 마시게 된 맥주는 언제부터 만들어진 것일까?

대개는 인류가 한 곳에 정착하여 농사를 짓기 시작하면서부터 맥주도 함께 시작되었다고 추정하고 있다. 또 바빌로니아에서 시작되었다고도 하는데, 이는 1953년 메소포타미아에서 발견된 비판碑版에 새겨진 'BC 4200년경 고대 바빌로니아에서는 이미 발효를 이용해 빵을 구웠으며 그 빵을 가지고 대맥의 맥아를 당화시켜 물과 함께 섞어서 맥주를 만들었다'는 기록에 근거를 두고 있는 것이다.

그 외에도 루브르 박물관에 소장되어 있는 수메르 민족의 가장 오래된 기록인 '모뉴멘트 블루Monument Blue'에는 방아를 찧고 맥주를 빚어 '니나(Nina 또는 Ni-Harra)' 여신에게 바치던 풍습이 남아 있다. 수메르 민족은 인류 최초의 문화가 발달되었던 티그리스와 유프라테스 강 유역에 살던 민족으로 BC 4000년경에 그 문화의 절정을 이루어 고대 그리스–로마 문명의 시초가 되었다.

맥주는 그 이후로 아카토, 앗시리아, 바빌로니아 등 각 문명에서도 만들어진 것으로 짐작되는데, BC 1750년경 제정된 함무라비법전의 맥주에 관한 법률이 이를 뒷받침하고 있다. 이 무렵에는 이미 각지에 양조소나 비어홀이 만들어져, 맥주를 물로 연하게 만들어 파는 비어홀에서 모반의 상담을 하고 있을 때에 신고를 하지 않으면 점포 주인도 같은 죄로 취급하는 등의 맥주에 관한 여러 가지 규칙이나 제칙이 시행되고 있었다.

한편 유럽에서도 고대 게르만인이 북유럽에서 정착생활을 시작한 BC 1800년경에 맥주가 만들어졌던 것으로 전해지고 있다. 로마제국시대의 역사가인 다키도오스는 그의 저서 『게르마니아』에서 '그들은 봉밀의 술을 그 밖의 다른 곡물로부터 음료수를 만들고 커다란 모서리에 입을 대고 마시는데, 배를 채우고 따뜻함을 취하기 위해 마셨던 것으로 전해진다. 이 음료수는 아주 저질의 와인과 같다'라고 기록하고 있다.

그 후 중세에 접어들면서 더욱 질 좋은 맥주가 수도원에서 만들어지기 시작하였다.

중세 유럽에는 기독교의 엄격한 계율 속에서 전도에 정열을 불태우는 수도사들이 있었는데, 그 기강을 떨어뜨린 것은 아일랜드였다. 아일랜드의 수도회는 수호성인으로 숭상되던 초대사도 성 패트릭을 기본으로 삼았으며 계율은 극히 엄격해서 수도 규정에 따르면 식사와 음료도 일절 삼갔다. '식사는 조식(粗食: 검소한 식사)만으로도 충분하고 음료도 하루에 저녁에만 1회 마신다. 음료수는 취기가 있는 것은 안 된다'라고 정해 놓을 정도였다. 그러나 계율이 엄격한 아일랜드의 수도제에도 불구하고 맥주가 일상의 음료였다는 것은 틀림없으며, 맥주는 단식 중이라도 공공연히 마셨던 음료수로 알려져 있다.

모든 것을 자급자족하던 수도원의 생활을 고려하면, 맥주를 만드는 전문부서가 수도원 내에 있었다고 추측해 볼 수 있다. 결국 시대의 흐름에 따라 맥주는 수도원의 주요한 재원 중 하나가 되었고, 맥주 발효기술 중의 하나인 하면발효 기술이 15세기 바이에른의 베네딕트파 수도원에서 개발되는 등 수도원 양조장은 융성하게 되었다. 지금도 구로 스타비아(수도원의 맥주)의 이름이나 오거스티나, 파우라나 등으로 불리던 당시의 성자 이름이 맥주 이름으로 남아 있는 것을 보면 이런 역사적인 배경이 있었기 때문으로 해석된다.

중세에서 근세로 넘어오면서 도시가 발전하고 길드 제도가 정착함과 동시에 맥주 양조는 점차 수도원에서 시민의 손으로 이동되어 갔다. 이 무렵에는 맥주의 품질을 향상시키려는 움직임도 일어나기 시작하여, 1516년 독일에서는 대맥, 물, 호프 이외에는 원료로 사용해서는 안 된다고 하는 맥주순수령이 제정 공포되었다.

19세기 중엽에는 맥주 양조기술에 화학의 메스를 댄 프랑스의 대화학자 루이 파스퇴르(1822~1895)가 등장하였다. 미생물학의 기초를 쌓았던 그는 발효란 효모의 움직임에 의한 것임을 명확하게 하고, 맥주 효모가 60°C 이상의 온도에서는 작용하지 않는다는 것을 발견하였다. 그 이론의 연장으로 술의 재발효를 방지하기 위한 방법으로 저온살균법을 고안해냈다.

이 방법은 그의 이름을 따서 파스퇴리제이션pasteurization이라 불렸고, 맥주는 이 방법을 사용함으로써 장시간 보관이 가능하게 되어 이후로 급속도로 보급되었다.

'맥주에 유해한 미생물이 파고들지 못하게 함으로써 맥주 효모만으로 맥즙을 발효시킨다'라는 파스퇴르의 이 이론은 독일이나 덴마크의 미생물학자에게 계승되어, 1883년에는 한센이 질 좋은 효모를 골라서 이것을 순수하게 배양 증식한 효모의 순수배양기술을 개발했다.

그 위에 칼 폰 린데는 암모니아 냉장고를 발명하여 공업적으로 4계절 내내 양조를 가능하게 함으로써 맥주의 품질향상에 기여하게 되었다.

이에 따라 저온에서 오랜 시간에 걸쳐 천천히 발효 숙성시켜야 하는 하면발효 맥주 제조는 한 단계 비약 발전하게 되었다.

또한 맥주에 유해한 미생물의 연구나 그의 침투, 감염을 막는 미생물 관리기술의 연구도 정비되어 처음으로 질 좋은 맥주를 실패하지 않고 양조하는 기술이 완전하게 확립되었다. 이것은 맥주 양조가 오늘날과 같이 거대한 산업으로 발전하는 기초가 된 것이다.

맥주의 성분

맥주의 성분에는 어떤 맥주이건 구성상 큰 차이가 없다.

맥주는 물이 89-91%로 전체의 대부분을 차지하며 탄수화물 3.5-4.5%, 알코올성분 3-5%, CO_2 0.4-0.5%, 조단백질 0.15-0.65%, 유기산 0.2-0.3%, 회분 0.1-0.3%, 그 밖의 호프성분, 비타민 등이 소량 함유되어 있다.

물리적 성질로는 비중이 1.0080-1.0100이고 물보다도 점도가 약간 높은 점성용액으로서 -1.8°C전후에서 동결되기 시작한다.

그러나 맥주의 종류, 맥즙의 농도, 양조 방법 등에 따라 그 구성비율이 조금씩 달라질 수 있고 소비자의 품질요구에 따라서도 변경시킬 수 있다. 이렇듯 맥주는 그 종류에 따라 성분이 어느 정도는 달라질 수 있으나, 대개의 경우 다음 표와 같은 성분을 포함하고 있다.

성 분	비 율
물	89-91%
탄 수 화 물	3.5-4.5%
알 코 올	3-5%
탄 산 소 다	0.4-0.5%
조 단 백 질	0.15-0.65%
유 기 산	0.2-0.3%
회 분	0.1-0.3%
호 프 성 분	소량
비 타 민	소량

보리에서 거품까지

BC 4000년경부터 음용한 액체빵

여름날의 시원한 맥주 한 잔. 갈증해소에 더 이상이 없을 것이다. 맥주는 최근 소비량으로 볼 때 소주를 누르고 최고의 자리를 차지했다는 수치적 변화 외에도 젊은이로부터 노년층까지 남녀 구분 없이 폭 넓게 애용되는 주류제품이 되었다.

일반적으로 인간이 한 곳에 정착하여 농사를 짓기 시작한 때부터 맥주를 만들어 음용하였다고 추정하는데, 역사적인 고증에 의하면 BC 4000년경 지금의 중동지방 티그리스, 유프라테스 강 유역에서 수메르 민족이 최초로 맥주를 만들었던 것으로 보인다. 그 당시의 것으로 추정되는 토판에는 술병과 술잔이 그려져 있어 이 사실을 확인시켜 주고 있다.

이집트 신화에는 태양의 신 오시리스가 그의 처 이시스의 도움으로 맥주를 만들었다는 이야기가 있으며, 가장 오래된 기록으로는 프랑스 파리 루브르 박물관에 보관되어 있는 모뉴멘트 블루Monument Blue에 방아를 찧고 맥주를 빚어 여신에게 바치는 모습이 새겨져 있다.

그 당시에 발효를 이용하여 빵을 만들고, 그 빵을 가지고 보리의 맥아를 당화시켜 물과 함께 섞어서 맥주를 만들었다고 하는데 이 방법은 현재에도 이용되고 있다. '맥주는 액체빵'이라는 말도 여기에서 비롯된 것이다.

우리나라에 맥주가 도입된 것은 19세기 말에 서울 및 개항

지를 중심으로 일본인 거주가 늘어나면서였다. 당시의 맥주는 일본에서 수입된 것으로 기린맥주, 삿뽀로맥주, 애비쯔맥주, 아사히맥주 등이었으며 주 소비층은 일본인과 상류층에 국한되었다.

국내 맥주수요는 1905년 일본 기린맥주에서 서울(경성)에 명치옥(맥주총판회사)을 개설함으로써 늘기 시작하였다. 1933년 12월 '기린맥주'라는 상표로 창립한 소화기린맥주주식회사는 훗날 동양맥주의 전신이 되었고, '삿뽀로맥주'라는 상표로 1933년 8월 창립한 대일본맥주주식회사는 조선맥주의 전신이 되었다.

맥주의 원료

맥주를 만드는 주원료는 맥아, 호프, 효모, 물 등인데 그 성분과 작용을 살펴보면 다음과 같다.

① 맥아: 맥주의 주원료인 맥아는 식용으로 사용하는 6조맥과는 다른 맥주용 2조맥을 싹틔워 말린 것으로 전분·단백질 등을 분해하는 각종 효소를 갖고 있다.

② 호프: 맥주의 독특한 향기와 쌉쌀한 맛을 내는 호프는 덩굴식물로서 독일·체코 등이 원산지이며, 맥주 제조에는 암꽃만을 사용한다.

③ 효모: 맥주 발효 시 맥아당을 알코올과 탄산가스로 만드는 역할을 하며 맥주의 맛을 크게 좌우하는 요소이다.

④ 물: 물은 모든 주류의 품질을 결정하는 기본 요소로 맥주 또한 예외가 아니다. 대개의 경우 깨끗한 자연수를 정수처리 하여 사용하고 있다.

맥주의 제조공정

다음으로 맥주의 제조공정을 살펴보면 크게 5단계로 나눌 수 있다. 맥아제조, 담금, 발효, 저장, 여과가 그것으로 각 단계별로 이뤄지는 특징은 다음과 같다.

① 맥아제조: 맥아제조의 주목적은 당화효소, 단백분해효소 등 맥아제조에 필요한 효소들을 활성화 또는 생합성 시키고, 맥아의 배조焙燥에 의해 맥주 특유의 향미와 색소를 갖게 하는 동시에 저장성을 부여하는 데 있다.

수확된 보리는 제맥공장의 창고에 일정기간 저장하여 충분한 발아력이 생길 때까지 휴면기간을 둔다. 그러므로 제맥공정은 보통 9월 초순에 시작한다. 원료보리는 보리정선기(大麥精選機)를 이용하여 토사, 짚, 잡초종자, 금속파편 등의 협잡물을 제거하고 다시 선입기選粒機로 보리입자의 크기를 일정하게 선별하여 수분흡수 속도나 발아를 일정하게 함으로써 발아관리를 용이하게 한다.

② 담금: 맥주의 원료인 맥아, 전분, 호프 및 양조용수를 이용하여 보통 가정에서 감주라고 일컫는 맥즙을 만든다. 보통 6시간 정도 소요되는 담금 과정은 분쇄, 당화, 여과, 끓임의 4가지 공정으로 이루어진다.

분쇄공정은 제맥공장에서 보내진 정선된 맥아를 곱게 빻는 공정으로 그 다음 과정인 당화공정에서 효소의 작용을 용이하게 해준다. 여기서 맥아는 가정에서 감주를 만들 때 쓰는 엿기름과 유사하다. 분쇄가 끝나면 맥아가루를 물과 잘 섞어 당화작업에 들어간다. 당화 공정은 맥아에 있는 효소에 의해서 전분이 당으로 분해되고 단백질은 아주 작은 질소 화합물류로 분해시켜 맥주 특유의 맛과 향을 갖도록 하는 공정이다. 당화공정이 끝나면 맥즙을 맥즙여과기에 걸러낸다. 담금과정의 마지막 단계인 끓임공정은 여과가 끝난 맥즙에 호프를 첨가하여 끓여 주는 공정이다. 맥즙을 끓이면 호프로부터 맥주 특유의 쌉쌀한 맛이 추출되고 맥즙이 살균되며, 모든 효소의 활성도 없어지게 된다.

③ 발효: 발효공정은 맥즙이 발효되어 술이 되는 과정으로 발효탱크 속에서 효모가 맥즙에 있는 당분을 알코올과 탄산가스로 분해하는데, 이 공정은 1주일간 계속된다. 그동안 맥즙 내의 당분은 점점 줄어들고 알코올과 탄산가스가 늘어 맥주가 되는 것이다.

이때 발효 중 맥즙의 온도가 상승하는 것을 방지하기 위해

탱크를 냉각 코일로 감은 후 그 겉에 하얀 폴리우레탄으로 단열시키고 있어 남극의 눈 덮인 얼음집 같은 분위기가 난다.

④ 저장: 발효가 끝난 영 비어(Young Beer, 숙성 전의 상태)를 일정기간 저온에서 숙성시키면 맥주 본연의 향과 맛이 나게 된다. 이 숙성 과정을 통해 효모 및 각종 응고물질이 가라앉고 맥주가 탄산가스로 포화되어 맥주의 청량감을 더해 주게 된다.

이 천연가스에 의해 맥주의 꽃이라 할 수 있는 하얀 거품이 발생하는데, 이 거품은 나중에 뚜껑 역할을 하며 맥주 본연의 맛을 유지시켜 준다.

⑤ 여과: 저장(숙성) 과정을 거치고 난 후 맥주는 3단계의 정밀여과기를 통해 여과된다. 여과된 맥주가 용기에 담기면 모든 공정은 끝이 나는데, 맥아가 공장에 들어와 병으로 담겨지기까지는 50여 일이 소요된다.

맥주의 제품특성

품질요소

품질이란 말의 일반적인 개념은 제품의 기능, 디자인, 사용상의 편리함 등을 포함하고 있다. 따라서 좋은 품질하면 곧 고급품 혹은 고가품을 연상하는 수가 많으나 품질을 보다 광의적으로 해석할 경우, 품질은 서비스 등에 이르기까지 소비자가 요구하는 모든 품질 특성에 맞추어 설계, 제조, 판매하는 것이며 이는 곧 품질관리의 기본방향이 되는 것이다.

맥주 제품의 품질관리 역시 고객의 요구를 충족시키고 수요자의 구미에 잘 맞도록 제품의 모든 품질요소를 설계, 제조, 관리해 나가는 것을 말한다. 이와 같은 맥주의 품질요소는 주류 역시 식품의 하나이기 때문에 전적으로 소비자의 눈과 코, 입 등 감각기관에 의해 좌우되며, 소비자의 기분이나 심리 상태에 따라 그 기준이 달라질 수도 있다는 특징을 가지고 있다.

일반적으로 맥주 제품의 주요 품질요소로는 맥주의 맛, 향취, 알코올 및 화학성분, 색깔, 윤기, 선명도, 거품의 유지성, 기타 사용상의 성질 등을 들 수 있다.

맥주의 색깔, 그리고 맛과 향

① 색깔: 맥주의 색깔은 대부분 맥아와 호프에서 유래되는 것으로 농색맥주, 담색맥주로 구분되기도 한다. 특히 담색맥주의 색조는 광택 있는 황금색을 최상의 것으로 여긴다.

② 맛과 향: 맥주의 향미에 대해서는 정확한 표현을 하기가 어려우나 대체로 다음의 맛을 구비해야 한다.

·순수한 맛 - 맥주의 4대 원료인 보리, 호프, 효모, 물로 형성된 맥주 본질의 맛이다.

· 온화한 맛 — 쓴맛, 단맛, 신맛 등이 잘 조화된 맛으로 어떤 맛이든 그 강약이 미각에 불쾌한 자극을 주지 않아야 한다.

· 농순한 맛 — 싱거운 맛, 약한 맛 등과 반대되는 맛으로 주로 맥주의 교질 상태에서 비롯된 맛이다.

· 상쾌한 맛 — 상큼하고 시원한 맛은 바로 맥주의 탄산가스에서 비롯된다.

맛과 향에서 이상에서와 같이 맥주가 지녀야 할 정상적인 미각 이외의 이상 현상이 나타나는 수가 있다. 특히 변질맥주의 경우 혼탁에 의한 오염취, 효모와 호프에 의한 이상 향취가 나타날 수 있고, 병맥주 보관 시 일광이나 형광등 빛을 쬐게 되면 지린 냄새와 비슷한 일광취가 나는 경우도 있다.

거품

맥주의 색깔 및 광택과 함께 외관적으로 가장 중요시되는 것이 바로 맥주의 거품이다. 거품은 맥주 중의 탄산가스가 새어나가는 것을 막아 주고 맥주의 산화를 억제하는 뚜껑과 같은 역할을 하는 중요한 것이다.

맥주는 거품의 형성과 그 거품의 지속성이 좋아야 한다.

거품이 생기는 이유는 맥주에 포화되어 있던 탄산가스가 뚜껑이 열려 맥주 컵에 따라지면서 압력이 감소하고, 또 컵의 벽에 부딪혀 교반상태를 조성, 녹아 있던 탄산가스가 방출되면서 거품으로 되어 맥주의 표면에 올라오기 때문이다.

형성된 거품은 일정시간 동안 유지될 수 있어야 하는데, 이는 적당한 단백질 양에 의해 이루어진다. 단백질이 너무 많은 경우에는 제품의 보관성을 나쁘게 하고, 또 적을 경우에는 포지성을 저하시키므로 맥주는 적당량의 단백질을 포함하여야 한다.

인체에 대한 생리 작용

맥주에는 소화효소 기능을 촉진시켜 음식물의 흡수를 돕는 기능이 있으며 특히 탄산가스는 위액의 분비를 촉진시켜 식욕을 증진시킨다. 한편 호프의 고미질苦味質은 담즙의 분비를 촉진시켜 소화를 도우며 이뇨촉진 작용을 한다. 또 신경중추에 작용하여 신경을 진정시키고 수면을 촉진하는 효과도 가지고 있다.

이외에도 비타민B군의 작용과 항균작용, 신진대사 및 호르몬 작용에 의한 미용 효과 등이 있다고 보고되고 있다.

맥주는 언제부터 병에 담았을까?

메소포타미아나 이집트에서 유리를 사용하여 수호신이나 장식용 구슬 등의 작은 물건을 만들었던 것은 BC 2500년경으로 알려져 있다. 그리고 더 나아가 유리 대롱불기로 용기를 만드는 기술이 지금의 시리아 근처에서 발명된 것은 BC 1세기

경이다.

그 후 기술은 로마에 전해져 BC 1세기 후반에는 로마의 각지에서 대량의 유리제품이 만들어지게 되었다. 그러나 이것들은 당시 옥석과 비슷한 귀중한 장식품으로, 또 부자들의 사치품으로 사용되었기 때문에 일반 시민들에게 있어서는 도저히 손댈 수 없는 귀한 것으로 여겨졌다.

요즘처럼 실용적인 유리병이 공업적으로 대량생산된 것은 그보다 훨씬 후인 17세기에 이르러서이다. 그때까지 맥주는 물론 와인이나 위스키 등의 액체 음료는 모두 손잡이가 달리고 입구가 넓은, 물주전자 같은 도기조끼나, 레저보틀이라고 불리던 항아리에 넣어 두었다고 한다.

맥주를 유리병에 넣어 두었다는 기록을 찾아보자. 쟈베스 마컴이 1693년에 쓴 가사책『영국의 주부』에 보면 '맥주를 병에 담아서 보관하려면 우선 가늘면서 입구 구멍이 작은 병에 맥주를 넣고 코르크 마개를 짐을 꾸리는 끈으로 단단히 막아서 서늘한 지하실에 보관하도록 하세요'라고 쓰여 있다.

또 1660년 영국 일기문학의 선구자인 사무엘 피프스가 일기에 '런던의 술집에서 매일 병맥주를 수없이 마셨다'라고 한 것은 술집에 병맥주가 있었다는 기록이다.

그 후 무수한 기술혁신을 거쳐 병제조업이 획기적인 변신을 한 것은 17세기가 거의 끝날 무렵인 1695년이다. 맥주병의 제조량은 1년간 24만 다스에 달할 정도가 되었고, 이후 맥주와 병은 끊으려야 끊을 수 없는 관계가 된 것이다.

또한 18세기 미국에 사는 영국인에게 본국에서 병에 맥주를 넣어 보낸 일이 있었다. 19세기에 접어들어 미국의 유리 산업은 눈부신 발전을 거듭하여, 그 생산고는 세계 최고가 되었다. 그리고 1903년에 미국인 미카엘 오웬스에 의해서 병 만드는 완전자동기계의 조립이 가능하게 되자, 보다 빨리, 보다 싸게, 보다 균일하게 많은 맥주병이 만들어지게 되었다.

한편 요즘은 맥주병을 보면 짙은 갈색이 대부분인데 외국에도 마찬가지로 갈색이나 또는 녹색의 병이 사용되고 있으며 또 어떤 것은 검은색도 있다. 이것은 자외선의 침투와 맥주의 변질을 막기 위한 배려이다.

단 외국의 맥주 중에는 투명한 병이 사용되는 경우도 있는데, 이것은 자외선에 강한 가공 호프를 원료로 하여 변질의 우려가 없기 때문이다.

맥주의 정통은 무엇인가?

맥주의 맛은 무엇으로 결정하는가? 그리고 정통맥주는 무엇인가? 또한 열처리를 한 맥주와 열처리를 하지 않은 맥주는 어떻게 다른가? 이미 대중주가 된 맥주에 관하여 좀 더 지식을 쌓는다면 술자리에서의 '안주감'으로도 제격일 것이다.

우선 맥주의 품질을 결정하는 것은 여러 가지가 있다. '좋은 원료(맥아와 호프), 깨끗한 물, 우수한 특성을 가진 효모'가 맥주의 품질을 일차적으로 결정한다고 할 수 있다. 그러나 맥주를 제조하는 담당자들의 기술과 정성 또한 맥주의 품질에 큰 영향을 미친다.

저온 열처리 맥주의 정통성

맥주의 종류를 흔히 병맥주, 캔맥주, 생맥주로 나누는데, 이는 용기에 따른 분류이다.

또 다른 분류로는 저온 열처리 맥주와 비열처리 맥주로 나눌 수가 있다. 그러나 대개 맥주라고 하면 효모의 발효를 더 진행하지 않도록 하여 맥주 맛을 균일하게 보존하는 저온 열처리 맥주를 가리킨다. 그러므로 바로 저온 열처리 맥주를 정통맥주라 불러도 손색이 없을 것이다.

세계적으로 유명한 맥주들, 예를 들면 독일의 레벤브로이Lowenbrau, 네덜란드의 하이네켄Heineken, 덴마크의 칼스버그Carlsberg, 일본의 기린Kirin맥주, 뿐만 아니라 세계 최대의 맥주 회사인 미국의 안호이저 부시의 버드와이저Budweiser 등이 모두 저온 열처리 맥주이다. 우리나라에서는 이른바 '레귤러맥주'라고 불리는 것들이 이에 속한다.

저온 열처리를 하는 이유는?

그러면 맥주는 왜 열처리를 하는가? 맥주가 공장에서 만들어져서 소비자에게 전달되기까지는 유통과정상 시일이 걸리는데, 따라서 시간이 지나도 맛을 변화시키지 않는 기술이 필요하다. 저온 열처리는 바로 맥주 내에 있는 효모가 더이상 발효하지 않도록 하기 위한 것이다.

저온 열처리는 병에 들어간 맥주를 저온 열처리기를 통과시키는 방법인데, 이때 맥주는 섭씨 0°C에서 60°C까지 올라갔다가 다시 상온으로 낮아진다. 소요시간은 40~50분이지만 실제 맥주의 온도가 60°C를 유지하는 시간은 10분 정도에 불과하다. 그러므로 사실 맥주를 데운다든지 끓인다는 표현은 적절하지 못하다.

저온 열처리는 파스퇴르에 의해 발견되었다. 그는 포도주의 발효와 산패의 연구를 하다가 알코올 발효가 효모에 의해서 이루어지는 것을 알아냈고, 1868년 포도주의 산패를 방지하는 저온살균법을 처음으로 고안해 이 방법이 산업에 이용될 수 있도록 하였다. 그래서 저온 열처리 방법을 파스퇴르법(Pasteurization)이라 부른다.

저온 열처리 방법을 맥주산업에 처음으로 적용한 회사는 미국의 안호이저 부시이며, 이후 세계의 거의 모든 공장에서 적용하기 시작하였다.

열처리를 하게 되면 성분이 달라지지는 않을까 하는 의문이 생길 것이다. 그러나 맥주 내의 유용성분의 변화는 없다. 즉, 맥주 내의 비타민B군, 유용미네랄 성분 등은 60°C 정도의 저온에서는 안전한 물질이다. 그렇기 때문에 우리가 널리 음용하는 우유도 이미 이 방법을 쓰고 있다.

비열처리 맥주, 여과 기술이 관건

비열처리 맥주란 쉽게 말해 열처리를 하지 않은 맥주를 의미한다. 즉, 생맥주가 대표적인 예이다. 조선맥주에서 국내 처음으로 효모 및 미생물을 비열처리방식으로 제거한 맥주를 생산해 비열처리 맥주시장을 새로 창출해 냈다. '지하 150m에서 끌어올린 천연 암반수로 빚은 맥주'를 주컨셉으로 시장을 공략했다.

비열처리를 하면 효모는 물론 맥주 특유의 좋은 맛을 내는 각종의 미세한 성분까지 일부 여과 과정에서 제거되어 거품도 비교적 빨리 사그라지고 맛도 부드러워지는 경향이 있다.

한편 맥주의 여과는 후발효실의 숙성 과정을 거친 맥주를 용기에 담기 전에 하는 것으로 이 과정을 통하여 맥주 특유의 맑고 깨끗한 호박색의 황금빛 맥주가 된다.

맥주의 종류

최초의 맥주는 일명 자연발효 맥주라 할 수 있는 것이었다. 그러나 맥주 대량생산이 가능해진 오늘날에는 하면발효 효모로 발효시킨 하면발효 맥주(Bottom Fermentation Beer)와 상면발효 효모로 발효시킨 상면발효 맥주(Top Fermentation Beer)로 크게 구분하고 있다.

또한 효모에 의한 변질을 방지하기 위해 저온살균을 한 맥주와 이를 하지 않고 여과처리한 생맥주, 보통 발효도의 맥주와 발효도를 높인 드라이 맥주, 그 위에 쌀, 옥수수 전분 등 부원료를 사용한 맥주와 부원료를 사용하지 않은 맥아 100% 맥주, 호프의 사용방법에서 쓴맛이나 향을 조정한 맥주 등으로 나눌 수 있다.

그 외에도 알코올 도수는 3-9도라는 규정에도 차이가 있는데 칼로리나 알코올 도수가 낮은 것을 라이트 맥주, 비교적 높은 것을 스트롱 맥주라고 부른다. 이밖에 같은 유형의 맥주라 하더라도 색깔(Color), 감미(Sweetness), 고미(Bitterness), 담백한 정도(Dryness) 등에 의해서도 세부적으로 구분된다.

발효 방법에 따른 분류

① 하면발효 맥주

세계 맥주 생산량의 70%를 차지하며, 발효 중 밑으로 가라앉게 되는 효모를 사용하여 저온에서 발효시킨 맥주이다.

• Lager Beer: 원맥즙의 농도가 11-12%인 보편적인 맥주로서 농색 및 담색으로 구분할 수 있으며, 저장기간 특히 후숙기간이 긴 향미가 좋은 맥주이다. 60°C에서 30분 정도 살균처리한 후 병입된 것이며 주정도는 4°이다.
• Draft(Draught) Beer: 보통 말하는 생맥주를 뜻하며 발효균이 살균되지 않은(unpasteurized) 맥주이다.
• Pilsener Beer: 연수(단물)를 양조용수로 사용하여 담색맥아

로 만들기 때문에 맥아 향기가 약한 황금빛깔의 담색맥주
이다. 맛은 담백하며, 쓴맛이 강하고 상큼한 맥주로서 알
코올 함량은 3-4%이다.

· Munchener Beer: 경수(센물)를 양조용수로 사용하여 맥아
  향기가 짙고 감미로운 맛이 나는 대표적인 농색 흑맥주로
  알코올 함량은 약 4%이다. 이와 유사한 맥주로 Kulmbach
  Beer, Number Beer 등이 있다.

· Dortmund Beer: 양조용수는 황산염을 함유한 경수(센물)를
  사용하여 필젠타입보다 발효도가 높고 향미가 산뜻하며
  쓴맛이 적은 담색맥주이다. 알코올 함량은 3-4%이다.

· Bock Beer: 원맥즙의 농도가 16% 이상인 짙은 색의 맥주
  로 향미가 짙고 단맛을 띤 강한 맥주이다. 이것은 발효통
  을 청소할 때 나오는 침전물을 사용하여 만든 특수한 맥
  주로 미국에서 주로 봄에 생산된다.

② 상면발효 맥주

영국, 미국의 일부, 캐나다, 벨기에 등지에서 생산되며 발효
중 표면에 떠오르는 효모를 사용하고 비교적 고온에서 발효시
킨다.

· Porter: 영국 맥주로 맥주즙 농도, 발효도, Hop 사용량이
  높고 캐러멜로 착색한 이유 때문에 색깔이 검으면서 매우
  농순한 맥주이다. 에일보다는 다소 감미로우면서 쓴맛이

덜하다. 약 5%의 알코올을 함유하고 있으며 일정비율의 흑맥아를 사용하여 제조한다.

· Ale: 보통맥주보다 호프를 1.5-2배 정도 더 넣을 뿐만 아니라 후숙기간이 짧아 탄산가스가 적으며 거품도 적고 쓴맛이 강하다. 보통맥주보다 고온에서 발효시키기 때문에 호프향이 강하고 고미苦味가 강하다. 대체로 주정도는 4-4.5°이며 담색이다. Ale 중 제일 약한 맥주인 Pale Ale과 농색이고 맥아 맛이 온화한 Mild Ale, 향기가 짙은 Scotch Ale 등이 있다.

· Stout: 색깔이 매우 검으면서 감미롭고 다소 탄 냄새를 지니며 강한 맥아 향을 가지고 있다. 포터보다는 훨씬 강하며 쓴맛도 강하고 8-11%의 강한 알코올 함량을 지니고 있다. 약 6개월 이상의 후숙기간을 가지며 최종 발효는 병속에 담아서 시킨다.

· Lambic: 벨기에의 브뤼셀에서 양조되는 몇몇 상면발효 타입 맥주 중의 하나로 60%의 맥아와 40%의 밀을 원료로하여 제조된다. 호프를 많이 사용하면서 야생효모, 젖산균 및 브레타노 마이세스Birettano-myces 등의 균을 사용하여 자연발생적으로 발효를 시킨다. 이 맥주는 하나의 같은 용기에서 발효시키고 저장하여 2~3년 이상 후숙을 시킨다.

알코올 농도 및 품질에 따른 분류

하면발효 맥주와 상면발효 맥주 외에 맥주의 알코올 농도,

품질에 따라 다음과 같이 구분하기도 한다.

① 무알코올 또는 비알코올 음료
· 무알코올 음료(Alcohol Free Beer): 알코올 농도 0%로서 알코
올의 흔적이 없으면서 맥주맛을 내는 맥아음료로, 알코올
음용을 전혀 허락하지 않는 일부국가에서 주로 음용되거
나 술을 마시지 못하는 사람에게 인기가 높다.
· 비알코올 음료(Non-Alcoholic Beer): 알코올 농도 0~0.9%의 맥
아음료로 발효 후 일정분의 알코올을 제거하여 만든다. 맥
주맛을 내지만 상표에 맥주로 표시되지 않으며 맥아음료
(Malt Beverage), Cereal Beverage, Near Beer 등으로 표시하기
도 한다.

② 라이트 맥주(Light Beer)
일반적으로 라이트 맥주에는 저알코올 맥주와 저탄수화물
맥주(Low Carbohydrated Beer)의 2가지가 있는데, 저알코올 맥주
선호 현상에 힘입어 미국에서는 괄목할만한 신장세를 보이고
있다. 알코올 함량은 대개 3%이며, 저탄수화물 맥주는 다이어
트Diet 맥주라고도 한다.

③ 프리미엄 맥주(Premium Beer)
양질의 원료를 사용한 고급 맥주로, 보통 일반맥주보다 원료
를 많이 쓰며 알코올 함량도 높다. 버드와이저가 대표적이다.

④ 드라이 맥주(Dry Beer)

일반맥주에 비하여 잔당을 낮춤으로써 음용 시 단맛이 덜하고, 음용 후 빨리 끊어지며 깨끗한 느낌을 준다. 당분해 능력이 강한 효모를 쓰거나 제조공정을 조작하여 잔당을 최소화한다.

⑤ 병·캔 생맥주

맥주 제품과정에서 일반 병맥주의 경우 장기보관을 위하여 열처리를 하나, 병·캔 생맥주는 미세한 여과(Micro Filtering)를 하여 효모를 제거하고 무균병입(Aseptic Filling)을 실시하여 일반 생맥주보다 장기간 보존하면서 생맥주를 즐길 수 있도록 한 것이다.

⑥ 병·캔 발효맥주

보통맥주는 전·후 발효를 거쳐 여과하여 병입한 후 살균하는 반면, 이 제품은 병 속에 약간의 효모를 여과 후 재투입시켜 3차 발효를 시킴으로써 효모 고유의 독특한 향과 맛을 즐길 수 있도록 한 맥주이다.

맥주의 취급 요령

맥주는 상하기 쉬운 음료

맥주는 곡물, 호프, 효모와 물로 만들어진 독특한 거품과 향취, 황금색의 영양가가 높은 음료이다. 그와 같은 특성을 가지고 있기 때문에 맥주를 취급하고 운영하는 데에는 식료를 다룰 때와 똑같은 주의가 필요하다. 맥주를 최적의 상태로 유지하기 위하여서는 청결이나 냉장과 같은 부분에서 각별히 조심하여야 한다.

맥주가 양조장에서 출고될 때에는 좋은 맛과 향기를 가지고 있으나 유통과정에서의 부적절한 취급으로 인하여 점점 그 특성이 상실되기 쉽다. 그러므로 영업현장의 종업원이 맥주를 취급하는 데 있어서 특별한 배려를 한다면, 그들의 고객으로 하여금 좀 더 좋은 맛을 보게 함으로써 만족을 줄 수 있고 아울러 더 높은 수익도 올릴 수 있을 것이다.

올바른 저장 방법

병맥주나 캔맥주는 살균되어 있기 때문에 실온에서 그 성질을 유지할 수 있다. 그러나 양조 당시의 신선도를 무한정 유지할 수 있는 것은 아니다. 장기간의 저장이라든가, 단기간일지라도 고온에 노출시킨다든가 하는 것은 상당한 맛의 변화를 가져올 수 있다.

먼저 맥주는 수분이나 습기가 없는 건조한 장소에 저장해야 한다. 이는 맥주 마분지 박스가 젖게 될 경우 운반 시에 일어날 수도 있는 병이나 캔의 파손을 방지하기 위해서이다. 또한 습기 있는 장소에 맥주를 저장하면 병마개나 깡통에 녹이 슬기 쉬운데 녹이 슨 물건은 상품가치가 없어지기 때문이다.

또한 맥주는 광선을 쪼이면 쉽게 변질되므로 어두운 장소에 보관해야 한다. 맥주병이 검은 갈색으로 되어 있는 것도 이런 이유 때문이다. 특히 태양직사광선에는 몇 분간만 노출되어 있어도 치명적인 변질을 가져온다. 캔맥주는 광선에 의한 변질은 심하지 않으나 태양직사광선에 노출되면 과열되어 변질될 염려가 있으므로 캔맥주 역시 직사광선은 피해야 한다.

그리고 맥주가 영하의 온도에 노출되는 것 또한 피하여야 한다. 맥주가 얼 때의 온도는 -18~-2°C인데, 맥주는 살짝만 얼더라도 맥주 속에 있는 물이 맥주로부터 분리되어 얼음이 되기 때문에 'Flat' 되기 쉽다. 즉 김빠진 맥주가 되어 판매할 수가 없게 된다. 그러나 약간 얼었다 녹았더라도 녹은 다음 색깔이 맑고(Clear), 아래 위를 잘 섞어보아 원상태로 회복되어 있다고 생각되면 판매하여도 좋을 것이다. 하지만 색깔이 탁해졌다든가 거품이 맥주 원상태로 일지 않을 때는 일단 상품가치를 상실한 것이다.

냉장고에 맥주를 보관할 때에는 4~10°C 정도의 온도에 보관하되 찬 온도를 평균적으로 받을 수 있도록 항상 아래 칸에 넣어 두어야 하고, 맥주의 빙점 이하로 온도가 내려가지 않도록 주의해야 한다.

Beer Cooler에서의 온도는 약 3.5~4°C 정도이어야 하며 고객에게 봉사될 때는 5°C정도가 될 수 있도록 하여야 한다. 맥주를 빨리 냉각시키기 위하여 온도를 너무 낮게 고정하여 놓는 경우도 있으나 이것은 좋지 않다. 오랫동안 냉각되어 과하게 차게 되면 맥주병을 열 때 맥주가 흘러넘쳐 나오는 경우가 종종 생기기 때문이다.

급하게 많은 양의 맥주가 필요하여 냉장고에 넣어 냉각시킬 경우에는 3-4시간 이상이 소요되는데, 이때에는 커다란 통에 물을 채우고 맥주를 담근 후 물에 얼음을 함께 띄우면 빠른 시간 내에 적당히 냉각시킬 수 있다. 캔맥주의 경우에는 더 빨리 냉각된다.

이와 같은 시원한 장소(Cool Place)의 온도조절은 맥주의 맛과 향취를 지속시키는 요소가 된다. 그러므로 대량의 맥주를 오랫동안 보관하는 창고는 바람이 잘 통하고 어둡고 서늘해야 하며, 특히 겨울에는 5-10°C 정도의 보온 유지가 가능한 곳이어야 한다. 가장 적합한 온도는 5-20°C이다. 온도가 37°C이상 오르면 그 맥주의 독특한 향취가 급속도로 감소한다.

그리고 맥주를 오랜 기간 보관하면(약 6개월 이상) 비록 보관상태가 양호하다 하더라도 맥주 속의 단백질 성분이 자연 응고되어 뿌옇게 혼탁이 오는 경우가 있다. 이러한 맥주는 열을 가해도 혼탁상태가 없어지지 않는다. 특히 맥주 보관 시의 온도가 30°C 이상이 되면 3-4배 정도 더 빠른 속도로 혼탁이 올 수 있으므로 주의해야 한다.

캔맥주와 병맥주의 재고 순환

맥주는 저장통(Lagering Vats)에 있는 기간에 따라 개량되는 것이지 포장된 후에는 상관이 없다. 그러므로 포장된 식료품과 다를 바 없다. 하지만 서브 될 때 신선하면 신선할수록 더욱더 좋으므로 재고 순환에 신경 써야 한다.

재고 순환이란 간단히 설명하자면 순서대로 먼저 들어온 물건을 먼저 쓰고 나중에 들어온 것은 나중에 소비하는 것이다. 즉, 선입선출(First-In, First-Out)의 방법으로 재고 관리를 해야 한다. 맥주의 재고 순환이 제대로 이루어지지 않으면 어떤 것은 너무 오래 묵게 되어 맥주 본래의 맛과 향취를 잃게 되며, 심한 경우에는 맥주가 Flat 되는 경우도 생긴다.

맥주의 신선도를 유지하는 가장 좋은 방법은 적당한 재고 순환이다. 창고에 있는 맥주에 배달된 날짜를 기입하여 놓고, 새로 입고되는 맥주는 재고 맥주의 앞이나 뒤에다 겹쳐 쌓지 말고 따로 쌓아 먼저 것과 구별하여 놓는다. 선반에 올려놓을 경우에는 오래된 맥주를 제일 바깥쪽으로 내놓고, 새로 온 것은 안쪽에 진열하여 오래된 것부터 순서대로 사용하도록 신경 써야 한다.

생맥주 관리 요령

생맥주가 양조장에서 출고될 때는 가장 극치의 완숙이 되어 있는 상태이다. 취급이나 맥주분배 시 솜씨 있게 처리한다면 그 생맥주의 아름답고 먹음직스럽게 부풀어 오른 거품과 만족스러운 맛의 맥주를 서브할 수 있다.

그러나 이러한 특성들은 옳지 못한 취급으로 인하여 쉽게 상실된다. 아마도 생맥주처럼 취급에 예민한 음료도 없을 것이다.

생맥주 취급 시 특히 유의할 사항들을 짚어보자.

① 적절한 온도

글라스에 담겨진 맥주가 지나치게 냉각되어 3℃ 이하가 되면 향취를 잃게 되고 충분한 거품이 일어나지 않는다. 또한 6℃ 이상이 되어 미지근하게 되면 상쾌한 맛이 없어지며 마시고 싶은 욕망이 감퇴된다.

그러므로 생맥주를 파는 곳은 완전히 절연되어 있는 충분한 냉장저장시설을 가지고 있어야 한다. 생맥주는 살균처리되어 있지 않기 때문에 상하기 쉬우므로 항상 2~3℃의 온도를 유지하여야 한다. 온도가 7℃ 이상으로 올라가면 맥주의 맛이 변하여 시어지고(Sour) 색이 탁해진다.

저장 쿨러Cooler의 크기는 현 영업수준에 비하여 약간 여유 있는 부피의 것이어야 하며, 여유가 있다고 하여도 다른 식료 종류를 같이 저장해서는 안 된다. 다른 식료품을 같이 넣어두게 되면 Cooler의 문을 자주 열게 되어 잦은 온도변화를 가져온다. Cooler는 자동온도조절장치가 되어 있는 것으로 준비하여야 하며 정기적으로 온도점검을 해야 한다. 술통(Barrels)이 배달되면 즉시 저장 Cooler에 넣고 적당한 온도를 계속 유지하도록 하며, 글라스에 부어졌을 때 3~4℃ 정도로 제공될 수 있어야 한다.

② 적당한 압력

맥주 속에 있는 탄산가스가 손실 없이 꼭지까지 올라올 수 있도록 술통 속의 압력을 일정하게 유지하여야 한다. 통속에서의 가장 적당한 압력은 12-14파운드이다. 통속에 있는 맥주의 온도가 3°C 정도가 되면 자연적으로 12파운드의 압력을 가지게 된다. 계기압력이 12파운드를 가리키면 천연 탄산가스가 노출됨이 없이 적당한 압력을 가지고 있다고 인정할 수 있다. 이것보다 더 낮은 압력에 놓이면 맥주 속의 천연가스가 노출되어 Flat 될 것이다. 또한 만약 계기압력이 맥주 속에 있는 천연압력보다 높으면 맥주가 CO_2를 과도하게 흡수하여 좋지 않다.

③ 재고순환

병맥주나 캔맥주가 그런 것처럼 생맥주 역시 순환(Rotation)이 되지 않은 상태로 오래 묵게 될 경우에는 원래의 맛과 향취를 잃게 된다. 그러므로 특히 생맥주는 재고 순환을 철저히 해야 한다. 배달되는 즉시 맥주통에 번호를 적어 표시하여 먼저 온 순서대로 사용해야 한다.

④ 장비점검

장비 사용자는 그의 장비기물(equipment)을 잘 알고 있어야 하며, 항상 깨끗이 청소하고 정비하여 잘 작동하도록 준비하여 놓아야 한다. 계기장치의 정기적인 점검, 낡은 술통꼭지,

바람구멍, 밸브Valves나 연결관의 샘, 잘 듣지 않는 압력조절기 등은 제때에 수리하거나 교환해야 한다.

예비정비는 고장 났을 때의 정비보다 경비가 덜 든다. 만약 예비점검 없이 사용하다가 러시아워에 고장이 생기면 영업에 미치는 영향은 지대할 것이다.

변질 맥주의 유형

맥주는 발효 양조주이므로 기타 천연 및 인공 식품과 같이 외적인 변화가 맥주에 가해질 경우 생물학적, 물리적 혹은 화학적 변화를 일으키게 된다.

일반적으로는 혼탁과 같이 맥주 자체의 변화가 있어야만 변질맥주로 볼 수 있으나, 그 외에 상품가치로서의 품질에 이상이 있을 경우까지 통틀어 변질맥주로 보아 그 몇 가지 유형을 살펴보면 다음과 같다.

혼탁(Haze)

맥주에는 여러 가지 유기물질이 함유되어 있어 이들이 외부요인의 변화에 따라 응고되거나 뿌옇게 될 수 있는데 이를 혼탁이라 한다.

① 미생물 혼탁

미생물인 효모나 세균에 의해 생기는 혼탁 현상이다. 병맥주에서는 열처리 과정의 이상으로 일어나게 되는 이상 현상이나, 생맥주는 열처리되지 않은 채 제품화 되는 관계로 생맥주를 장기간 보관할 경우에는 미생물 혼탁이 일어나는 것은 당연한 일이라고 할 수 있다. 그러므로 생맥주는 특히 장기간 보관을 피해야 하며, 생맥주 기기의 위생 및 청결 상태가 불량할 경우 쉽게 혼탁이 오므로 이에 많은 주의를 기울여야 한다.

정상적인 맥주일 경우에는 미생물의 영양소가 부족하며, 호프 성분, 에틸알코올 성분과 탄산 연구 및 국세청 기술 연구소의 연구실험에 의하면 인체에는 해가 없고 다만 외관상 불결하고 향기가 나쁜 것으로 알려져 있다.

그러나 맥주 마개를 딴 채로 장기보관하거나 위조 맥주 혹은 잘못 취급된 생맥주의 경우에는 세균에 오염되어 혼탁, 향미의 손실, 산부패점질화 등의 변화를 가져올 수 있다.

② 화학적 혼탁

녹말, 호프수지, 금속, 옥살산 등의 성분이 맥주 등에 다량 유입됨에 따라 발생할 수 있는 유형이나, 맥주 양조기술의 발달로 오늘날 거의 문제시되지 않는 혼탁 유형이다.

③ 교질 혼탁

교질 혼탁이란 맥주 속의 여러 가지 작은 입자들이 보관기간이 길어짐에 따라 서로 뭉쳐서 마침내는 눈에 보일 정도로 커져 아래로 가라앉은 것을 말한다. 이러한 현상은 심한 온도의 변화, 햇빛, 진동 등 주위환경 조건에 의해 나타날 수 있다.

교질 혼탁에는 맥주의 어는 온도(-1.8~-2°C) 이하에서 일시적으로 일어나는 한랭 혼탁(Chill Haze)과 맥주를 30°C 이상의 고온에서 장기간 보관하거나, 빙점 이하에서 장기간 보관 시, 심한 흔들림 등에 의해 생기는 영구 혼탁이 있다.

한랭 혼탁은 급속히 진행되는 가역성 혼탁으로서 다시 온도를 높여주면 혼탁 현상이 없어지게 되나, 한랭 혼탁으로 장기간 계속 산화가 진행되면 영구 혼탁이 된다.

영구 혼탁은 불가역성의 혼탁으로서 병 속의 산소량, 여과 상태 등과 관련이 있고, 장기간 보관 시 맥주 성분 중 탄닌과 단백질이 결합하여 된 것으로 아무리 열을 가해도 원상태로 되돌아가지 않는다.

기타 변질의 유형

① 거품 응고(Foam Particle)

병맥주 바닥에 미세한 조각이 가라앉아 있는 경우가 있어 이물질이 들어간 것처럼 보이나, 실제로는 맥주를 주입할 때 미세한 맥주 거품이 열처리 과정에서 병 표면에 달라붙어 응고된 것이 떨어지면서 생긴 작은 입자들이다. 따라서 이물질은 아니나 미관상 좋지는 않다.

② 분출(Gushing)

병맥주에서 드물게 나타나는 현상으로 병마개를 따자마자 거품과 함께 내용물의 1/3-1/2이 넘쳐흐르는 것을 말한다. 분출 현상은 운송할 때 심한 진동을 받았거나, 저장 중 급격한 온도의 변화를 겪었거나, 또는 고온에 접촉한 후에 일어나기 쉬운 현상으로 알려져 있다. 특히 마개를 따기 전에 흔들거나 고온에서 마개를 딸 때 일어나기 쉬운 것으로, 주로 유통과정 혹은 소비자의 취급 부주의에 의해 발생되는 유형이라 할 수 있다. 공정상의 원인으로는 CO_2 함량이 너무 높을 경우, 많은 양의 금속이온(CU, Fe 등)을 함유한 경우, 곰팡이에 오염된 원맥을 사용한 경우를 들 수 있으나, 실제로 이런 원인에 의해 분출이 일어나는 일은 극히 드물다.

③ 김빠짐(Flat)

김빠진 맥주란, 맥주가 청량감이 없고 따를 때 거품이 별로 생기지 않는 경우를 말한다. 이런 맥주는 제조 과정상 CO_2가 부족하거나 세병洗甁 상태가 불량한 것 등이 그 요인이나, 특히 맥주를 따를 때 기름기 등이 묻어 청결치 못한 글라스를 사용해도 거품이 일어나지 않을 수 있다.

④ 일광취

맥주는 직사광선과 형광등의 빛을 장시간(2~3시간 이상) 쪼이게 되면 맥주의 향이 변하여 불쾌한 냄새(일광취)가 나게 된다.

특히 하절기에 이 현상이 심하며, 슈퍼에서 장기간 형광등이나 전등 밑에서 보관하는 경우에도 나타난다.

세계의 맥주산업

영국, 짙은 호박색, 상면발효가 특징

보통 '영국형'이라 불리는 맥주는 현재 널리 음용되는 필스너 등의 하면발효 맥주가 아니라 고온(실온)에서 발효시킨 상면발효 맥주이다.

유럽 각지에서는 호프를 사용한 라거맥주(Lager Beer)가 주류로 되어 있지만 영국에서는 호프를 사용하지 않은 전통적인 맥주를 '에일Ale'이라고 하여 구별하고 있다. 현재는 '에일'이라고 해도 호프를 보통 사용하고 있으므로, 비교적 짙은 호박색의 맛이 풍부한 맥주를 가리킨다고 생각해도 좋을 것이다. (단, Veil Ale은 담색)

산업혁명 이후 맥주 소비가 급증하자 숙성기간이 긴 Porter Beer는 쇠퇴하고 Pale Ale이 대중적으로 소비되었으며, 농색 맥주인 Stout 등이 개발되어 영국은 전통적인 상면발효 맥주의 본 고장이 되었다.

18~19세기에 이르러서 영국은 세계 최대의 맥주 생산국이 되었고, 최근에 이르러서는 독일식의 하면발효 맥주인 라거맥주도 생산, 그 수요가 크게 증가하고 있다. 대표적인 것으로는 기네스사社의 스타우트를 들 수 있으며 그 외에도 브라운 에

일, 스코치 에일 등이 있다.

독일, '순수한 맥주'만을 고집하는 본고장

독일은 양조의 역사가 고대까지 거슬러 올라간다고 하는, 자타가 인정하는 맥주의 본고장이다. 독일에는 크고 작은 1364개의 맥주공장이 있고, 현재도 각기 독자적인 전통기술로 계속해서 맥주를 제조하고 있다.

독일 맥주는 1516년 바이에른공 윌헬름 4세가 제정한 '맥주순수령麥酒純粹令'으로 주원료인 대맥과 물 이외의 부가적인 원료 사용을 금지한 이후로 '순수한 맥주'가 그 특징이 되고 있다.

19세기에 이르기까지 바이에른의 맥주는 담색과 농색의 중간인 갈색빛깔의 Brown Beer가 지배적이었다. 그 후 이를 토대로 색이 짙고 고미苦味가 약하며 맥아 향내가 짙은 뮌헨타입의 맥주가 나타나 이 지역의 탄산을 많이 함유한 경도가 높은 수질에 힘입어 이후 독일의 대표적인 타입을 이루었다.

한편 북부지방의 도르트문트에서는 필젠타입의 상큼한 담색맥주와 뮌헨맥주의 맛을 곁들인 특유의 담색맥주가 상당한 시장을 확보하였으며, 바이에른에서도 점차 담색맥주를 생산하게 되었다.

독일은 하면발효 맥주의 발상지로서 양조기술자는 아직도 품질위주의 생산방식을 취하고 있다. 독일 맥주는 일반적으로 짙고 풍부한 맛을 주며, 부드러운 촉감과 온화한 향기를 지녀

그 품질의 우수성을 세계에 자랑하고 있다. 또한 각 지방의 수질, 원료, 기후, 생활습관에 따라 양조방식을 달리하고 있어 그 종류도 수없이 많고 원맥즙의 농도 또한 다양하다.

또한 독일에는 브라우마이스터Braumeister라고 불리는 맥주 양조 기술자가 있고 전문적으로 그들을 양성하는 기관도 있어, 고품질의 맥주를 양조하는 데에 온 힘을 쏟고 있다.

Tip 독일에서는 몇 살부터 맥주를 마실 수 있나?

맥주는 온 세계인의 사랑을 받는 음료인데, 특히 독일인의 맥주에 대한 애착은 유명하다. 독일에서는 14세면 맥주를 마실 수 있다. 맥주는 명실 공히 독일의 국민 음료이다.

벨기에, 고전(古典) 맥주의 '보고'

벨기에는 맥주 전통의 고장인 유럽 중에서도 엄선된 귀한 물과 원료로 손수 만든 청주 맥주 등 고전 맥주의 '보고'라고 전해지고 있다.

대표적인 것의 하나로, 수도 브뤼셀 주변에서 만들어지는 자연 발효의 라이빅 맥주가 있다. 강한 향과 신맛이 가미된 독특한 풍미로, 라거 등의 옅은 맥주와 곁들여 마시는 경우가 많다. 1인당 맥주 소비량이 세계 1위라는 벨기에에서도 특히 친숙한 맥주의 하나이다.

흔히 '세계 최고의 맥주는 벨기에의 작은 수도원修道院에서

나온다'고 한다. 벨기에 서부 베스트블레테렌에 있는 성뾙식스투스 수도원은 매일 새벽 3시30분 기도와 함께 하루를 연다. 약 30명의 수사修士들이 하루 6시간 이상 기도하고, 붉은 빛이 도는 고기를 멀리하며 금욕 생활을 한다. 그런데 맥주는 마실 수 있다. 아예 만들어 마신다. 1839년부터 이곳에서 제조된 세 종류의 맥주는 독특한 맛과 향으로 인기를 얻었다. 그중 알코올 도수가 가장 높은(10.2%) 흑맥주 '트라피스트 베스트블레테렌 12'는 맥주 애호가들의 웹사이트에서 세계 최고의 맥주로 꼽힌다. 'the 12'라는 약칭으로 통하는 이 맥주를 사려면, 수주 전에 전화 예약을 하고 수도원까지 직접 찾아가야 한다. 맥주는 상자(24병/1BOX, 33유로) 단위로 판매되는데, 한 달에 1인당 2상자까지만 살 수 있다. 이 수도원은 애초 "생계유지를 위해" 맥주를 만들었다고 한다. 그래서 빗발치는 주문에도 불구하고 1946년 이후 생산량은 연간 6만 상자로 동결되어 있다. 맥주를 구하지 못했다고 불평하는 사람들을 위해, 제조 책임자인 요리즈Joris 수사가 준비한 성경말씀: "너희는 먼저 그의 나라와 그의 의를 구하라 그리하면 이 모든 것을 너희에게 더하시리라(마태복음 6장 33절)."

미국, 쓴맛 대신 산뜻한 맛

미국의 맥주 역사는 청교도를 실은 메이플라워호의 상륙과 함께 시작되었다. 초기에는 영국으로부터 맥아를 운송하여 주로 가내 소비를 목적으로 제조되었다.

1625년 뉴 네덜란드에 살던 사람들의 덕택으로 처음 호프를 재배하기 시작했으며, 1632년에 최초의 맥주 공장이 세워졌고, 이어 남북전쟁(1861~1865)때까지도 맥주산업은 가내 공업의 범위를 벗어나지 못하였다.

현재 미국 맥주 생산지로 유명한 밀워키는 영국이나 독일에서 이민 온 사람들이 많이 살았던 위스콘신 주에 있다. 원래 영국의 이민에 의해 성립된 미국은 당초에는 영국에 많던 에일이 주류를 이루었다. 그러다가 19~20세기에 걸쳐 특히 독일계 이민자들에 의해 시카고, 밀워키, 세인트루이스, 필라델피아 등을 중심으로 양조공업이 일기 시작하면서 산업기술의 발달에 따라 점차 맥주공장이 대규모화 되었다.

미국의 맥주는 독자적인 방향으로 발전하여 색이 엷고 고미가 약하며 맛이 담백한 미국만의 맥주타입을 이루게 되었다. 양조 방법에 있어서는 발효와 저장기간이 비교적 짧은 속성 맥주에 가까운 것이 그 특징이다.

Tip 맥주 때문에 바뀐 미국의 역사

영국에서 종교적 자유를 찾아 미국으로 떠난 청교도들은 처음엔 버지니아로 갈 예정이었다. 그런데 그만 그들은 착륙지점을 맥주 때문에 바꾸지 않을 수 없었다.
필그림 파더스(Pilgrim Fathers: 102명의 초기 이민자)는 플리머스 바위에 착륙한 이유를 이렇게 일기에 적어 놓았다.

'우리는 앞으로 더 조사하거나 이것저것 고려할 시간이 없다. 우리가 가지고 온 식량이 거의 다 바닥이 났다. 특히 우리의 맥주가 달랑달랑 다 떨어져 간다.'

그런데 이 맥주는 실은 에일이어서 보통 맥주보다 도수가 높았다. 지금도 청교도의 정통 후예를 자부하는 동부 미국인들이 첫손가락에 꼽는 맥주는 발렌타인 에일이다. 맥주가 충분하여 버지니아까지 향했다면 미국의 역사는 달라질 수도 있었을 것이다.

중국, 생산량 세계 3위

중국에서 맥주라고 하면 우선 청도비주青島啤酒를 떠올릴 것이다.

그 이름 그대로 중국의 맥주양조는 19세기 말 독일에 의해 청도에 공장이 세워지면서 시작되었다. 당시 여기서 만들어지던 맥주는 외국인이나 어떤 특정 유산계급의 사람들에게만 허용되던 음료였다. 그러나 해방 후에는 대중들 사이에 맥주가 널리 퍼져 일반 서민들에게도 친숙한 음료가 되었다. 결국 최근의 근대화 정책으로 일반 시민들의 생활이 향상됨에 따라 맥주 생산량도 증가해 1인당 소비량은 적지만 생산량에 있어서는 현재 미국, 독일 다음으로 3위를 차지하고 있다.

일본, 유서 깊은 전통맥주

메이지(明治)유신 이후 일본에는 서구인들의 왕래가 빈번해
졌다. 맥주를 애음하던 서구인들은 맥주를 수입하는 도중 변
질 되는 이유로 일본에서 직접 맥주를 제조할 필요를 느끼게
되었다. 이에 1869년 미국의 양조 기사 코플랜드W. Copeland가
처음으로 일본에 맥주회사를 설립하여 맥주를 공급하기 시작
했으며, 1885년 일본맥주(Japan Brewery, 기린맥주의 전신)가 새로
설립되어 위 회사를 흡수함으로써 본격적으로 맥주를 생산하
기 시작하였다.

이후 군소업자를 통합한 기린맥주는 일본 맥주의 절반 이
상을 생산하고 있으며, 생산규모에서도 세계 4위를 차지하고
있다. 이외에 일본에는 중간형의 아사히, 삿뽀로, 산토리 등의
대회사가 있어 필젠타입과 미국식의 중간형의 맥주를 생산하
고 있다.

현재, 붉은 벽돌의 삿뽀로 공장은 그 유서 깊은 옛 모습을
계속 간직하고 있으며, '구로라벨'이나 '에비스'로 불리며 당
시 일본에서 마셨던 맥주 본래의 맛을 전하는 상품으로 그 특
징이 있다.

또한 '北海道(홋카이도)' '冬物語(후유모노가다리: 겨울날 이야
기)' 등의 상품을 발표하는데 그 상품들에는 독자적인 발상과
전통이 깃들어져 있다.

이상에서 살펴본 바와 같이 유럽, 북미, 아시아 등지에서는

맥주산업이 점차 발달하고 있다. 참고로 세계적으로 유명한
맥주회사는 아래와 같다.

- 독일 – Lowenbrau, Ulnion, Hansa, Dab, Astra
- 덴마크 – Carlsberg, Tuborg
- 네덜란드 – Heineken
- 스웨덴 – Three Crown
- 체코슬로바키아 – Pilsner(Pilsen産)
- 영국 – Guiness Stout
- 미국 – Budweiser, Miller
- 일본 – 기린맥주 등

맥주와 건강

맥주의 맛

맛있는 맥주의 조건

맥주의 맛 중에서 가장 중요한 것은 신선함이다. 맛있는 맥주의 조건은 다음과 같다.

① 호박색으로 깨끗하고 맑아야 한다.

② 특유의 청량감, 상쾌감이 있어야 한다.

③ 산뜻한 향기를 지니고 있어야 한다.

④ 결이 곱고 새하얀 거품이 나야 한다.

⑤ 상쾌하게 여겨지는 쌉싸래한 맛이 나야 한다.

⑥ 감칠맛이 있고 싫증나지 않는 맛이어야 한다.

이와 같은 모든 요소가 조화를 이루어야만 비로소 맛있는 맥주라 할 수 있다.

맥주의 참맛을 즐기는 요령

맥주의 맛은 온도와 관련이 깊다. 일반적으로 여름에는 보통 4-8°C, 봄·가을에는 6-10°C 정도로 해서 마시는 것이 좋다. 만약 맥주가 시원하지 않고 미지근하면 거품이 너무 많고 쓴맛이 남으며, 또한 지나치게 차가우면 거품이 잘 일지 않을 뿐 아니라 맛도 별로 느낄 수 없다.

맥주의 참맛을 즐기기 위해서는 맥주 고유의 향을 맛보아야 한다. 맥주 고유의 향을 느끼는 방법으로는 코로 느끼고(Aroma), 혀로 감지하며(Taste), 입 전체로 즐기고(Mouse-Feel), 목으로 느껴야(Texture) 본래의 제맛을 즐길 수 있다.

불쾌한 냄새가 없는 맥주, 깨끗하고 그윽한 맥주 고유의 향을 느끼면서 호프의 쌉쌀한 맛을 음미하고, 황금빛 맥주와 거품이 빚어내는 신선함과 청량감을 즐긴다면 맥주맛을 제대로 즐기는 사람일 것이다.

구체적으로 맥주의 참맛을 즐길 수 있는 요령을 살펴보면 다음과 같다.

① 향과 맛, 색깔, 탄산가스의 청량감과 거품 등이 맥주의 기본 특성이다. 좋은 맥주란 특히 향과 맛이 뛰어나야 하고 그것을 오랫동안 유지할 수 있는 '안정성'을 지니고 있어야만

한다.

그런 맥주는 좋은 원료와 우수한 양조기술을 갖추어야 만들어 낼 수 있을 것이다. 즉 엄선된 맥아와 호프를 사용하고, 음용수 기준보다 엄격한 양조용수, 우수한 특성을 지닌 효모에 무엇보다 중요한 것은 양조기술자들의 정성이 한데 어우러져야만 우수한 품질의 맥주를 만들어 낼 수가 있는 것이다.

이처럼 맥주의 맛은 양조기술과 직결된다. 세계 각국에는 다양한 종류의 맥주가 있다. 이들은 원료의 선택과 배합, 양조용수와 효모, 발효 조건에 따라서 각기 독특한 맥주의 향미를 지니고 있다. 자료에 따르면 맥주향은 약 1300가지 이상이라고 한다. 맥주의 향은 아마도 맥주의 종류만큼이나 다양한 듯하다.

또한 맥주를 즐겨 마시는 이유에는 여러 가지가 있겠으나 대체로는 시원하고 짜릿하며 상쾌한 맛을 만끽하기 위해서이다.

따라서 맥주를 마실 때에는 소주나 위스키를 마실 때처럼 홀짝홀짝 마시는 게 아니라 목으로 맛을 봐야 제맛을 볼 수가 있다. 즉, 거품이 부풀어 있는 컵을 들고, 거품을 헤치듯 꿀꺽꿀꺽 쭈욱 마신 후 빈 컵에 거품만 남게 하는 것이 맥주의 짜릿하고 상쾌한 기분을 만끽할 수 있는 전통적인 방법이다.

② 맥주 고유의 향이 아닌 냄새를 풍기는 경우도 있다. 맥주의 이상한 냄새는 오염된 지하수를 사용했다거나 정수처리가 잘못되었을 때, 그리고 양조기술상 위생관리와 공정관리에

이상이 있어서 밥이 쉰 냄새라든가 하수 냄새가 나는 경우가 있는데, 마시기 전에 꼭 확인할 필요가 있다.

이를 확인하기 위해서는 맥주를 맥주컵의 1/2 정도만 따르고 손바닥으로 위를 덮은 후에 대여섯 차례 흔든다. 그런 다음 컵에서 손을 떼어냄과 동시에 코를 들이대고 냄새를 깊이 들이마셔 본다. 이때 하수 냄새라든가 쉰내가 나면 원료나 양조 기술상에 문제점이 있는 품질 이상의 맥주라 할 수 있다.

위와 같은 맥주 냄새 확인 방법은 사실 냉장이 잘 되어 있는 상태라면 구별하기 어려울 수도 있다. 그때에는 다른 제품과 비교해 보거나, 온도가 조금 올라간 후 확인하면 쉬워진다. 맥주의 고유한 향은 구수한 맥아 냄새가 나기 마련이다. 그런 향기와 불쾌한 냄새를 구별하지 못한다면 맥주의 제맛을 모르는 셈이고, 결국 좋은 맥주를 마실 수가 없게 될 것이다.

맥주의 참맛은 어느 특정한 향에 좌우되기보다는 수많은 향 성분들이 알맞게 조화되어 맥주맛과 잘 어우러져 나올 때, 맥주 고유의 순수한 향을 느낄 수 있다. 그리고 맥주의 제맛도 이때에 비로소 느낄 수가 있는 것이다. 맥주맛을 잘 아는 애주가들이 향을 먼저 음미하고서 시원하게 꿀꺽꿀꺽 마시는 이유가 바로 여기에 있다.

③ 맥주의 참맛을 즐기기 위해서는 곁들일 수 있는 안주의 종류나 맥주를 따르는 올바른 방법에 대해서도 알아두어야 한다.

맥주의 안주로는 단맛이 나는 것은 피하고, 짭짤하며 기름기가 있는 땅콩, 소시지, 햄, 치즈, 팝콘, 크래커 샐러드 및 신선한 채소와 과일 등이 적합하다. 콩에는 단백질이 풍부해서 체온을 상승시키는 작용을 하므로 땅콩 안주에 맥주를 마시는 것도 좋다. 이밖에도 우리나라 사람들의 미각에 잘 맞는 두부찜과 생선전 등 튀김 요리도 좋다.

④ 맥주의 맛과 그 신선한 향취를 완전히 즐기기 위해서는 글라스에 맥주를 올바르게 따르는 것 역시 중요하다. 맥주병이나 캔을 글라스 위의 4-5cm 정도 지점에서 글라스에 7부 정도 차도록 붓고, 그 위에 컵 위쪽으로 약간 볼록하게 거품이 솟도록 하는 것이 가장 이상적이다. 아무리 신선하고 좋은 맥주라 할지라도 이와 같은 방법으로 마시지 않으면 그 매력은 반감하게 된다.

Draft Beer는 양조장에서 출고될 때가 가장 잘 완숙된 상태이다. 부풀어 오르는 거품이 대단히 아름답고 먹음직스러워 만족스러운 감을 주기 때문에 전 세계적으로 많은 고객을 가지고 있다. 그러나 Draft Beer는 예민한 음료이므로 취급에 있어서 주의를 기울이지 않으면 안 된다.

Draft Beer를 맛있고 거품이 오래 지속되도록 따르는 일은 오랜 경험으로 완성되고, 온도와 압력 그리고 글라스의 청결 상태가 크게 좌우한다.

소량의 맥주는 건강에 좋다

담배를 피우는 사람은 피우지 않는 사람에 비해 빨리 늙지만, 술의 경우는 하루 맥주 한 병 정도라면 마시는 사람이 마시지 않는 사람에 비해 젊음을 오래 간직할 수 있다는 연구 결과가 발표되어 관심을 모으고 있다.

일본 임상병리학회에서 나고야대학 의학부 노년과 디테이시 교수의 연구팀이 발표한 '노화도老化度 비교연구'라는 조사논문에 따르면 담배를 피우는 사람은 피우지 않는 사람에 비해 폐암을 비롯한 각종 암에 걸릴 확률이 높은 것으로 발표되었다. 또한 이가 빠지거나 머리가 세는 등 외견상의 노화도 비흡연자에 비해 훨씬 빨리 진행되는 것으로 나타났다.

외견상 노화도에 있어서 흡연자 그룹이 비흡연자 그룹에 비해 약 10% 정도 나이가 들어 보이는 것으로 밝혀졌으며, 생리 기능과 운동능력도 각각 5% 전후의 차이가 있는 것으로 나타났다. 이를 실제 나이로 환산하면 예를 들어 40세의 흡연자는 43-44세의 비흡연자와 노화 정도가 같은 것으로 확인되었다.

반면 술을 전혀 마시지 않는 사람과 하루 맥주 한 병 정도, 그리고 그 이상 마시는 사람 등 3개 그룹으로 나눠 조사한 결과, 첫째 그룹과 마지막 그룹 사이에는 별다른 차이가 없었으나, 하루 맥주 한 병 정도를 마시는 둘째 그룹은 노화도가 상당히 낮은 것으로 나타났다.

즉 적정량의 술은 건강에 도움이 된다고 말할 수 있다. 술은 인간에게 약이나 독이 될 수 있기에 자신의 음주량을 알고 그 범위 내에서 즐기면 건강에 도움이 되는 것이다.

한편 건강에 좋은 주량은 체중 60kg으로 볼 때 맥주 한 병, 소주 반 홉, 와인 3잔이면 적당하다. 반주는 쇠약한 사람, 체력이 약한 사람 또는 회복기에 있는 사람이 식사할 때 활용하면 극적인 효과를 볼 수 있다.

중병에 오래 시달리다가 회복 중에 있는 환자는 여러 가지 걱정 때문에 잠이 오지 않고 식욕이 떨어지기 쉽다. 이러한 환자는 정신적으로나 육체적으로 리듬이 깨져 식욕이 떨어지기 때문에 식사나 보약만으로는 건강회복이 어려울 때가 있다. 거기에다 마음이 불안하여 진정제를 사용하는 일이 많다. 이런 때 술을 잘 활용하면 영양보충을 촉진시킬 수 있고 식욕이 솟아나 음식물의 효율성을 높일 수 있다. 적당량의 술은 환자의 마음을 편안하게 하여 수면제가 필요 없게 된다.

인간의 스트레스가 날로 증가하고 있는 현대사회에서 하루하루의 일에 대한 긴장을 해소시키는 데는 알코올이 무엇보다도 효용이 있을 것이다. 특히 맥주 한 잔은 정신의 긴장을 풀어주고 스트레스를 해소시켜 주는 가장 좋은 것이라 할 수 있다. 또 맥주 한 잔은 자율신경에 작용하여 피로감을 경감시키는 효과도 있다. 단, 어디까지나 즐거운 분위기에서 마셔야만 효과를 줄 것이다.

서양에서 이야기하는 이른바 아페리티프, 즉 식전주食前酒는 알코올 농도를 20% 이하로 하고 있다. 반주飯酒는 어떤 종류라도 좋다. 와인, 소주, 맥주, 위스키 기타 모든 알코올 음료는 소량의 범위에서 건강 유지에 도움을 준다. 알코올 농도가 높은 술은 칵테일을 만들어 마시면 좋다.

한 연구보고에 의하면 맥주는 4% 내외의 알코올을 함유하고 있으므로 맥주를 마셨을 때 혈액 중의 알코올 농도는 다른 종류의 술에 비하여 훨씬 완만하게 증가될 뿐만 아니라, 혈액 중에 흡수될 수 있는 최대 알코올 농도는 맥주를 마셨을 때가 다른 술의 경우보다 훨씬 낮아 오히려 다른 술보다는 건강에 이롭다고 한다.

특히 맥주 성분 중 비타민B_2는 성장촉진작용을 하고, B_6는 항신경장애 작용 및 항빈혈작용을 하며 인화합물은 대사기능을 촉진한다.

맥주를 마시면 정말 살이 찔까?

맥주를 마시면 살이 찐다고 하여 일부러 맥주를 멀리하려는 사람들이 있다. 정말 그런 것일까?

맥주의 주재료는 두줄보리인 이조대맥과 독특한 향과 쓴맛을 내는 호프이다. 이러한 맥주의 성분이 살찌게 만든다는 이야기는 상식적으로 이해가 되지 않는다. 결론을 먼저 말하자면, 맥주만 마셔서는 살이 찌지 않는다.

그러면 왜 이러한 이야기가 나오는 것일까? 아니 땐 굴뚝에 연기가 날 수 없듯이, 우리 주변에서 맥주를 자주 마시고 살이

찐 경우나 배가 많이 나온 경우를 종종 접하기 때문에 나오게
된 이야기일 것이다.

비만증이란 섭취한 식사 중에서 소모되고 남은 열량이 중
성지방으로 전환되어 인체 내의 여러 부분, 특히 피하조직과
복강에 축적되는 현상을 말한다.

사실 술은 건강유지에 필요한 영양소가 결핍된 고열량식품
이다. 그러나 지방이나 단백질은 우리 체내에 에너지원으로
축적되지만, 술은 체외로 발산되는 에너지원이다. 술을 마신
후 춥다고 여기게 되는 이유도 바로 여기에 있다.

맥주를 마시면 살찐다는 이야기는 맥주 내에 살찌게 하는
특별한 성분이 있는 것이 아니라, 맥주를 마심으로써 소화액
의 분비를 촉진시키고 입맛을 돋우므로 음식을 많이 먹게 되
어 살이 찌는 경우가 있는데 바로 이 때문에 나오게 된 이야
기이다. 그리고 맥주는 다른 술에 비해 마시는 양이 많으므로
포만감으로 활동이 줄어들게 되어 배가 나올 가능성이 있다.

똑같은 술을 마신 후 식사를 하지 않거나 안주를 먹지 않는
등 기호도 천차만별이다. 그래서 술꾼들에게는 영양장애가 나
타나는 일이 많다. 과음을 하면서 고기 등의 안주를 너무 많이
먹으면 영양의 균형에는 좋으나 열량의 과잉섭취로 체중이 증
가하고, 반대로 안주를 먹지 않으면 단백질과 비타민의 부족
으로 체력의 감퇴, 간장 질환을 일으킬 수 있다. 그러므로 술
을 마실 때는 적당히 안주를 먹도록 권장하고 있는 것이다.

많은 사람들이 맥주를 계속해서 마시면 아랫배가 나오고

체중이 늘어난다고 해 걱정하는 사람들이 많다. 물론 같은 양의 알코올을 마실 경우에는 확실히 맥주는 다른 종류의 술보다 칼로리가 높다. 따라서 맥주는 체중이 늘고 아랫배가 나오게 하는 원인이 될 수도 있다.

그러나 술을 마실 때 살이 찌는 문제와 관련해서 더 중요한 비중을 차지하는 것은 무슨 안주를 어느 정도 먹으며 식사와 음주를 어떻게 조절하느냐 하는 점이다. 맥주 한 병의 칼로리는 같은 양의 사이다와 별로 큰 차이가 없다.

맥주를 소주나 위스키에 비교해 본다면 동일한 알코올 함량에 비해 많은 칼로리를 갖지만 아랫배가 나오고 체중이 느는 것은 음주 시에 먹는 안주와 이와 곁들여 먹는 식사 때문이다. 맥주를 마실 때는 식사를 줄이거나 안주의 양을 줄인다면 맥주 때문에 아랫배가 나오고 체중이 늘어나는 일은 결코 없을 것이다.

의학적인 측면에서 본 맥주

액체빵이라 불리는 맥주가 각종 질병에 효과가 있다고 하는 것은 균형 잡힌 영양분이 약한 체력을 보강해 주기 때문일 것이다.

의학의 시조라는 히포크라테스의 처방 중에 발진성 환자에게 발아시킨 대맥의 전즙煎汁을 마시게 하여 배뇨량을 증가시키는 치료법도 있다고 한다. 지금도 가벼운 증상의 위장병이나 요도결석 치료에는 맥주가 권해지고 있다. 또한 외국에서는 스타우트에 달걀을 넣은 에그스타우트가 감기약으로 이용되고 있는 것도 잘 알려져 있는 사실이다.

특히 맥주는 위액의 분비를 촉진시키며 이뇨작용으로 체내의 노폐물 배설을 촉진시키는 것으로 알려져 있다. 맥주의 적당한 알코올 성분은 위에서 장으로 이동하기 쉽고 흡수되기 쉬운 것이 특징이며, 또 탄산가스는 위벽을 자극하여 위액의 분비를 촉진시키고 위의 작동을 활발하게 하기 때문이다. 또한 호프의 상쾌한 쓴맛은 소화를 돕고 식욕증진에 효과가 있다.

그리고 맥주는 치매병을 예방하는 효과가 있는 것으로도 알려져 있다. 치매병에 관하여 연구한 영국 왕립 리버풀 대학의 앤더슨 박사 등 연구원들이 '맥주 속의 실리콘 성분이 치매병에 관계된 알루미늄을 제거한다'고 발표해 흥미를 끌고 있다. 인체 내의 알루미늄은 노인의 치매상태를 악화시키고, 근육경직·언어장애·방향감각장애 등을 일으키는데, 보리 속에 들어 있는 실리콘이 인체의 알루미늄을 제거하는 기능을 한다는 것이다. 따라서 보리를 주원료로 하는 맥주가 치매병에 관계된 알루미늄을 제거하는 데에 도움이 된다.

맥주와 영양

맥주는 칼로리가 있을 뿐만 아니라 비타민, 미네랄이 비교적 풍부하게 함유되어 있고, 또 미량이기는 하지만 소화되기 쉬운 단백질이 함유되어 있는 것을 고려해 볼 때 식품으로도 매우 이상적인 음료라 할 수 있다.

시중에서 판매되는 맥주의 열량은 39-46kcal로서 상당한 열량을 가지고 있다. 지방질이 1g당 9kcal, 단백질이 4kcal이므로 숫자상으로 보면 술은 고칼로리의 식품이다. 보통 우리가 먹는 쌀밥 한 그릇(200g에 28kcal)은 500cc 한 잔에 해당되는 열량이다.

큰 병 1병당 230-250cal의 열량이 있어 에너지원도 되지만 이 칼로리의 대부분은 알코올에서 유래된 것으로, 빵이나 쌀 등의 탄수화물 칼로리와는 달리 혈액순환의 촉진이나 체온상승 등에 소비되기 때문에 글리코겐이나 지방이 되어 체내에 축적되는 일은 없다고 알려져 있다.

맥주의 영양분으로 조금 부족한 성분은 비타민 A, D, E 이다. 대신 음식이나 안주와 더불어 맥주를 마시면 충분한 영양을 섭취할 수 있게 된다.

맥주의 탈알코올

오늘날 인간의 다양한 기호에 맞게 맥주가 생산됨에 따라 그 제법製法도 많이 개발되었다. 세계의 유명 맥주회사들이 새로운 맥주를 만들기에 전력투구를 하고 있는데 그중에서도 저알코올, 무알코올 맥주 개발에 특히 연구의 초점을 맞추고 있다. 새 시대에 신세대가 요구하게 될 새로운 맥주는 과연 어떤 맛일까?

맥주 제조에서 본질적인 부분은, 그것이 70여 개 품목을 만드는 대규모 맥주회사이건, 또는 한 개 품목만을 생산하는 소규모의 맥주회사이건 동일하다. 즉 맥주 제조공정에서 기본적인 원재료는 수백 년간 변하지 않고 있는데, 원칙적으로 천연의 보리를 위시하여, 물, 당糖, 호프 및 효모로 만들어진다. 보리를 발아시켜 얻어낸 맥아(Malted Barley)를 찌고, 거기에 호프를 넣은 다음, 거기에서 얻어진 진액을 발효시키고 숙성, 조정하고, 병담기를 하여 시장에 공급하는 것이다.

종래에는 이와 같은 공정 모두가 숙련된 양조기술자에 의해 좌우되었지만 요즘에는 첨단기술이 개입하여 각 공정의 엄밀한 제어制御에 의해 맥주 제조를 할 뿐 아니라, 보다 좋은 제품, 이제껏 볼 수 없었던 새로운 제품을 만들어 내기 위해 첨단기술을 도입한 연구가 행해지기에 이르렀다. 세계의 각 맥주회사도 연구실을 갖고 이를 위해 전력투구하고 있다.

이 같은 연구의 초점은 저低알코올 맥주(Low Alcohol Beer) 또는 무無알코올 맥주(Low Alcohol Beer)의 개발에 있고 주로 이와 같은 맥주의 연구는 양조연구기금(BRF: Beer Research Foundation)에 의해 진행되고 있다.

증대하는 수요

20년 전까지만 해도 알코올 농도 1.2% 이하의 맥주는 한

개 품목밖에 없었고, 10년 전까지만 해도 시장에 나와 있는 저알코올 맥주는 일본의 경우에도 20개 품목 이하에 머물렀다.

그러나 현재 일본에서 시판되는 맥주의 종류는 저알코올 맥주를 비롯해서 무알코올 맥주까지 거의 50개 품목 이상이 있어 맥주 연구가 얼마나 활발한가를 알 수 있다.

이런 타입의 맥주를 요구하는 수요는, 근래 들어 급속히 증가하고 있어 양조업계에 커다란 과제를 던져주고 있다.

하지만 맥주의 맛과 성분을 손상시키지 않고 어떻게 알코올을 빼낼 것인가 하는 부분이 큰 문제이다. 맥주로부터 알코올 성분만을 살짝 빼낼 수 없을까 하는 연구는 1890년 이래 양조업계에서 총력을 기울여 오고 있는 부분이지만, 현재까지도 만족스러운 결과를 얻지 못하고 있는 상태이다.

우리나라에서는 맥주의 브랜드가 극히 단조롭고 극소수에 불과한데 일본과 같이 다양하고 좋은 상품이 나올 날이 멀지 않았으리라 기대한다.

무알코올 맥주의 제조법

맥주를 양조한 후 알코올을 제거하는 방법으로는 고진공증류법과 역삼투법 두 가지가 있다.

① 고진공증류법(高眞空蒸留法, High Vacuum Distillation)

가장 일반적인 알코올 제거법(De-alcoholisation)으로서 저온에서 알코올을 제거할 수가 있고 후레바 성분의 가열에 의해 손질을 막을 수 있다.

이와 같은 제조공정은 우선 맥주로부터 알코올, 물, 휘발성 향기의 성분을 제거한 후 증발된 물의 분량만큼 다시 보충하는 것이다.

또는 소정의 알코올 농도에 도달한 시점에서 증류조작을 정지함으로써 저알코올 맥주를 제조할 수도 있다. 다만 이와 같은 제조공정에서는 알코올이나 향기 성분의 증발에 따른 제품의 풍미, 냄새, 농도(Fullness)가 본래보다 아주 떨어진다는 결점이 있다.

② 역삼투법(逆滲透法, Reverse Osmosis)

이 역삼투법을 사용한 제조공정도 이미 실용화되고 있다.

치밀한 막을 사용하여 맥주를 가압 여과시키면 분자량이 적은 물이나 알코올은 막을 통과하지만 다른 용질 성분은 투과하지 못하고 농축되게 마련이다.

한편 이와 반대로 맥주를 양조하는 단계에서 알코올 양量 자체를 낮추는 억제방법도 있다.

예컨대 과잉 알코올 생성 이전에 맥주를 냉각시켜 효모를 죽임으로써 발효를 정지시키는 방법인데 유럽에서는 널리 채용되고 있다.

또 발효성이 낮은 탄수화물을 원료로 함으로써 알코올 농도를 낮게 억제하고, 발효시간을 단축하는 방법도 있다. 통상

2~3일을 요하는 발효시간을 24시간 이내로 단축, 알코올 농도 1%의 맥주를 제조하는 것이다. 이 제조방법을 사용할 경우 원료비는 다소 올라가게 된다.

새로운 맥주 시대를 위한 연구

맥주 양조 분야에서의 기술발전을 가능케 하는 것은 유전자공학이다. 많은 연구학자들은 유전자의 교환에 의해 불쾌한 맛 성분을 생성시키지 않고 저알코올을 양조하는 효모를 만들어낼 수 있다고 믿고 있다.

BRF에서는 이와 같은 차세대 맥주인 저알코올 맥주 또는 무알코올 맥주 제조법에 관해 최첨단의 연구를 하고 있다. 또한 BRF에서는 앞으로의 맥주 양조의 발전을 가능하게 하는 기술개발을 목적으로 다음과 같은 연구를 병행하고 있다.

① 원료에 관한 연구

파일럿스케일의 양조기(Brewery)와 맥아제조기(Malting)를 사용함으로써 맥아의 품질에 영향을 미치는 보리의 대사에 대해 연구하고 있다.

② 광光섬유식 탁도계 개발

양조 후의 맥주에는 단백질을 주성분으로 하는 앙금이 포함되는데 광섬유를 사용함으로써 혼탁도를 정확히 평가하는 기술의 개발에 노력하고 있다.

광원과 수광부受光部를 직각으로 하여 혼탁물로 인한 산란광의 강도를 광섬유로 검출함으로써 혼탁물 농도가 정확하게 측정되게 하였다. 이와 같은 광섬유식 탁도계(Fibre Optichaze Meter) 개발에 의해 여과 공정에서 얼마만한 여과가 필요한지 알게 되었다.

③ 여과에 적당한 여재濾材의 연구

맥주 여과에 가장 적합한 여재의 검토연구에 힘쓴 결과 오스트레일리아 서부에서 생산되는 질르콘(ZRO Ⅱ)을 주성분으로 한 모래가 가장 좋다는 사실을 밝혀냈다.

④ 맥주 여과에 관한 연구

십자류十字流 여과법을 사용한 맥주 여과법에 관해서도 연구하고 있다. 이것은 막膜을 사용한 가압여과법인데, 여과를 할 때, 원액탱크와 막 모듈 사이에서 액液을 고속으로 순환시키는 것을 특징으로 삼고 있다.

고속순환에 의해 혼탁물의 막 표면에 퇴적되는 것을 방지할 수가 있고 높은 여과 속도로 제품을 얻어낼 수 있다. 또 균체도 저지할 수 있는 막을 사용함으로써 여과 후의 살균공정을 생략할 수도 있게 되었다.

BRF에서 개발한 파일럿스케일의 십자류 장치는 막 모듈을 한 개 부착한 것에 불과하지만 그것으로도 매초 12병분의 맥주를 처리할 수가 있다.

맥주 칵테일

술이란 참으로 이상야릇한 것이다. 품위 있는 음주법이 있는가 하면 선술집에서의 게걸스런 술 파티도 있으니 말이다.

맥주는 이제 우리에게 있어 가장 대중적인 술이 되었다. 그래서 더욱 개성이 없어 보이기도 하는 것이 바로 맥주이다. 그래서 술 마시는 데에도 코디네이션이 필요하다. 맥주 칵테일과 같은 변화 말이다. 맥주 칵테일, 그 이름부터 상큼하지 않은가?

흔히 칵테일이라고 하면 진이나 위스키를 바탕으로 한 것이 보편적이지만, 맥주를 사용하여 색다르게 즐기는 법도 있다.

예를 들면 토마토 주스를 섞어서 마시는 '레드아이'가 있다. 이것은 숙취로 눈이 빨개졌을 때 마시면 기분이 개운해져서 좋다. 맥주의 쌉쌀한 맛이 이상하게도 토마토 주스로 알맞게 부드러워져서 마시기 좋은 가벼운 드링크가 되어 버린다. 토마토는 맛이 산뜻하고 건강에도 좋으며 색깔이 고와서 여성이 마셔도 보기가 좋다. 운동을 하고 난 뒤에 마시기에 알맞은 음료이다.

그리고 이 토마토 주스 대신에 콜라를 섞으면 '블랙비어'가 되는데, 이것은 콜라와 흡사한 색깔의 맥주 칵테일이다. 이 칵테일을 '트로이의 목마'라고 하기도 하는데, 입에 잘 당겨 한 잔 두 잔 마시는 사이 트로이의 목마에서 불쑥 적병이 튀어나오듯 갑자기 취기가 엄습해 오기 때문이다. 그러므로 블랙비

어는 주의해서 마셔야 한다.

가장 전통적인 맥주 칵테일로 '하프 앤드 하프'도 있다. 스타우트 맥주에 보통 맥주를 반쯤 섞어서 만든 것인데, 이것을 혼합 맥주라고 한다. 섞는 비율은 자기의 기호에 맞춰서 자유로이 가감하면 된다. 스타우트를 넣은 뒤 맥주를 부으면 스타우트의 갈색 거품이 일어나고, 맥주에 스타우트를 부으면 맥주의 흰 거품이 일어난다. 물론 맛은 변하지 않지만 보는 재미가 있다.

좀 더 강한 술을 원한다면 진이나 위스키를 혼합해서 만드는 '도그스노즈'나 '보드카 앤드 비어'가 좋다. 그리고 진저엘을 혼합하는 '샌디개프', 레모네이드를 섞는 '샌디'는 맥주의 청량감을 즐길 수 있는 술이다.

식욕이 없거나 기운이 없을 때 마시기 좋은 스태미너 칵테일도 있다. 글라스에 난황과 꿀을 섞어 만드는 '에그 스타우트'가 그것이다.

이외에도 다양한 맥주 칵테일이 있다.

· 옐로우 선셋Yellow Sunset: 글라스에 흑맥주를 붓고 거기에 계란 노른자 하나를 살짝 떨어뜨려 만드는 칵테일이다. 이 칵테일은 남자의 정력에도 좋다고 한다.

· 캄파리 비어Campari Beer: 이 칵테일은 차가운 맥주를 글라스에 부은 뒤 캄파리를 첨가해 가볍게 흔들어 만든다. 캄파리의 붉은 색이 선명해 무드가 있을 뿐 아니라 맥주 특유의 쓴맛이 없어지므로 여성용 칵테일로 좋다.

- 민트 비어Mint Beer: 이 칵테일은 차갑게 식힌 맥주를 글라스에 붓고 페퍼민트를 적당히 첨가해서 가볍게 흔들어 섞는다. '멜로우 윈드'라고도 하며 페퍼민트가 맥주의 맛을 더해 준다.
- 쥬제페 차플리아니Giuseppe Chapeliani: 이 칵테일은 맥주 60ml와 복숭아 넥타 90ml, 그라나딘 시럽 1스푼을 섞어 만든다. 복숭아 넥타의 단맛이 맥주의 강한 맛을 순화시키기 때문에 여성이나 알코올에 약한 사람에게 좋은 칵테일이다.
- 스노우 레드 아이Snow Red Eye: 이 칵테일은 맥주 60ml와 토마토 주스 130ml를 섞어 글라스에 부은 뒤 글라스 입구 주위에 소금을 바른 것이다. 술이 취했을 때의 빨간 눈에서 유래된 칵테일의 이름만으로도 상쾌한 음료임을 짐작할 수 있다.

이와 같이 오늘날에는 맥주 칵테일도 다양해져 가고 있으며, 앞으로는 더욱 새로운 맛의 맥주 칵테일이 속속 생겨나게 될 것이다.

미래의 맥주들

미래에 우리 앞에 선보일 맥주는 어떤 것들일까?

건강에 대한 소비자들의 관심 증대를 생각하면 기능성 맥주, 비타민강화 맥주, 바이오 맥주 등이 선보일 것이다. 그 외에도 포도주와 맥주를 혼용한 맥주, 보다 다양한 칵테일 맥주, 그리고 공학기술을 응용한 맥주 등 종류가 매우 다양해질 것이다.

우선 비타민강화 맥주란 여성의 미용에 도움을 주는 맥주이며 식물성섬유 다이어터리 파이버Dietary Fiber를 함께 섭취하면 비만 방지에 효과가 있을 것이다. 이 밖에도 인체의 필수성분인 미네랄, 아미노산 등을 함께 공급할 수 있으면 일석삼조의 효과를 기대할 수 있을 것이다. 그리고 이러한 성분들을 인위적으로 맥주에 첨가하기보다는 효모에 다량 함유시켜 발효과정을 거침으로써 자연스레 맥주에 흡수시키는 방법을 사용하는 것이 좋을 것이다.

현재 건강식품으로 널리 각광받고 있는 효모에는 인체에 유익한 양질의 단백질 식물섬유 외에도 망간, 크롬, 셀레니움 등의 성분이 풍부하다. 그렇기 때문에 효모가 살아 숨쉬는 생맥주가 이미 오래전부터 유통되고 있는 것이다.

한 잔의 술은 피로를 풀어주고 때로는 우리의 스트레스를 말끔히 해소시키기도 한다. 이러한 인체의 생리활동과 연결시켜 새로운 기능을 부여한 바이오 맥주(Bio-Beer)의 등장도 기대해 볼 만한 것이다.

맥주에 사용되는 효모는 각각의 특성과 고유한 향미를 갖고 있다. 새로운 과학기술의 하나인 세포 융합 기술을 이용하여 맥주와 포도주 효모를 융합, 두 종류의 특성을 결합시킨다면 포도주향이 은은히 밴 색다른 맥주도 기대할 수 있다.

맥주 고유의 색은 투명한 호박색이지만 이러한 관념을 깨고 거품만 핑크빛이라든지 맥주 자체가 녹색, 하늘색 등의 색깔을 띠는 상품도 개발해 볼 만하다.

또한 칵테일 맥주도 가능하다. 맥주에 다른 음료를 혼합하거나 천연추출향료를 첨가하면 오렌지향의 맥주도 즐길 수 있다. 유럽에서는 맥주와 레모네이드를 혼합한 샌디Shandy라는 맥주음료가 이미 상품화 되어 있으며 하이네켄사의 경우 인도네시아에 공장을 설립, 샌디를 상품화하여 캔으로 출고하기도 했다. 이러한 칵테일 형태의 맥주는 향후 집중적으로 개발될 여지가 많은 상품이다.

근래 들어 센서Sensor기술의 발달로 온도에 따라 색이 변하는 여러 가지 형태의 물질이 개발되고 있다. 이러한 성질의 색지를 이용, 맥주 용기에 부착시키면 그 색지의 변화를 통해 맥주의 온도를 알맞게 냉각시킬 수 있다. 더욱이 맥주의 유효기간 역시 색이 변하는 기술을 응용하여 지킬 수 있을 것이며 병의 마개를 여는 즉시 자동으로 맥주가 냉각되는 시스템의 개발도 생각해 볼 수가 있을 것이다.

이 외에도 아이스크림 혹은 호상 요구르트 형태의 고체 형태의 맥주나 분말화 된 차茶 유형의 휴대가 간편한 맥주도 가능하다.

유통과정과 관련되어 아침에 배달되는 우유와 같이 맥주의 가정배달 시대가 올 수도 있고, 각 과정에서 맥주를 직접 제조할 수 있는 홈 제조 키트(Home Brewing Kit)의 보편화도 예상되어 자신이 만든 맥주로 손님을 접대할 수도 있을 것이다.

맥주 즐기기

맥주 애음가 남편 이야기

맥주를 즐기는 사람들은 그 자체만으로도 인간으로서의 존재가치가 충분하지만 거기에 사랑이 첨가된다면 금상첨화일 것이다. 그러므로 맥주를 즐기는 우리 애음가들에게 필요한 것은 맥주를 즐겨 마시는 취미를 잘 이해하는 여성이다. 다시 말해서 밤에 나이트가운을 입고 문 앞에서 맞이하는 여성보다는 단 한마디라도 다음과 같이 말해 주는 여성이면 더욱 좋을 것이다.

"어서 들어와요. 당신의 맥주가 기다리고 있어요. 냉장고 안에도 다양한 맥주가 있으니 먹고 싶은 취향과 기분에 따라 즐겨보세요.”

이처럼 현명하여 본보기가 될 만한 여성은 바로 카타리네가 유일한 것 같다. 혹은 바바리아 지방에서 여든이 넘어 세속을 떠나 농사를 짓던 여인 ─ 남편이 금주가여서 이런 사랑의 증거를 보일 수 없었지만 ─ 이 임종하기 바로 직전에 이런 사랑스런 말을 했을지도 모른다. ‘당신을 위해서 매일 밤 한통의 맥주를 준비할 수도 있었는데…….’

미혼의 젊은 맥주 애음가들은 여성을 만나고 결혼을 하게 될 것이다. 이 순간부터 그들의 생활에 변화가 온다. 이전에야 맥주가 마시고 싶으면 호프에 앉아 마시고 싶은 만큼 마시고 한밤중이 되어서야 집으로 돌아가는 자유를 누렸지만 결혼 후에는 그럴 수가 없지 않은가. 이런 자유를 계속 누리느냐 결혼하느냐를 결정해야 한다.

맥주를 즐기는 사람에게는 두 가지 적(?)이 있다. 의사와 아내가 그들인데, 의사가 경고하면 아내는 그날부터 맥주라는 친구를 빼앗으려 갖은 애를 쓴다.

대체 왜 아내들이 그렇게 아무런 해도 끼치지 않는 맥주를 미워하는지는 아직 밝혀지지 않고 있다. 아마도 아내들의 질투와 허영심 때문이지 않을까?

질투라고 하는 이유는, 아내들이 남편에게 있어 자신이 최우선 순위가 아니라는 것을 느끼기 때문이다. 남편이 집에 돌아오면 아내에게 입맞춤을 해주긴 하지만 그 다음에 하는 말이 “자 이제 맥주를 마셔야겠어”라면 말이다.

이번에는 허영심에 대해 얘기해 보도록 하자. 물론 맥주 애음가들이 술배로 인해 둥글게 되어가는 것은 어쩔 수가 없어 때론 허리띠를 배 아래에 매야 될 때도 있다.

그런데 광고에 나오는 남자들을 보면, 항상 젊고 매력적인 마른 체형이니 우리의 아내들은 그런 사람들이 표준인 것으로 착각하고 있지 않은가. 그 남자들을 자신의 둥글둥글한 남편과 비교하다니, 분명 광고 탓이란 생각이 든다.

얼굴엔 환한 미소를 지으며, 그러나 눈은 칼날같이 날카롭게 뜨면서 아내는 속삭인다.

"당신 정말 많이 마셨어요. 단 한잔이라도 더 마신다면 우리 사이는 이제 끝장이에요."

대부분의 맥주 애음가는 이 경우 ─ 충분히 더 마실 수도 있을 것이라 생각하지만 ─ 아쉬움과 미련으로 가득한 다음 잔을 포기해 버린다.

맥주를 즐겨 마시는 남편에 대해 아내들이 이런 반응을 보이는 것은, 아마도 아내들 자신이 맥주를 연거푸 마시고 싶은 생각이 들지 않으니 애음가인 남편의 심정을 이해하기 힘들어서일 것이다. 아내는 레몬조각이 담긴 향긋한 차 한잔과 상쾌한 공기를 마시며 산책하는 데 더 큰 가치를 두고 있을 테니 말이다.

이것은 너무 단순한 것들이어서 매력적이지 않을지도 모른다. 아내들은 냉장고에 있는 시원한 맥주를 꺼내는 것이 아니라 심리 상담소나 정신과 의사를 찾아간다.

상담을 마치고나서 아내들이 맥주 애음가에 대한 따스한 정을 발견했는지, 그래서 남편과 같은 길(?)을 가겠다고 결심했는지는 아무도 모른다. 그저 그렇게 되길 바랄 뿐이다.

맥주 별자리

황소자리나 전갈자리, 천칭자리 등이 무엇인지는 어린아이들도 알고 있을 것이다. 또 동양의 닭띠, 호랑이띠 등의 개념도 서양의 별자리와 비슷한 개념으로 사용되고 있다.

이번에는 우리의 맥주 애음가들을 위해서 새로운 점술을 공개하고자 한다. 이것은 성능 좋은 천체망원경으로도 볼 수 없는 대신 술 마시는 사람의 눈을 통해서나 볼 수 있을까? 지금까지는 전혀 밝혀지지 않은 새로운 맥주 별자리도 다른 것과 마찬가지로 열두 달로 되어 있는데 하나하나 살펴보도록 하자.

1월 – 맥주통 마개

커다란 맥주통의 마개처럼 이 별자리의 사람들은 믿음직하고 사업파트너로도 손색이 없지만 언제 마음이 돌아설지 모른다. 그러나 맥주통이 열리기만 하면 다시 믿음직한 동반자로 돌아온다.

2월 － 맥주상자

'맥주상자'의 사람들은 고집이 세고 자기 마음을 쉽게 드러내지 않는다. 그들에겐 술도 별 효과를 내지 못한다. 그러나 모임이나 행사에서 이들은 모두에게 환영을 받고 맡은 일도 중요한 것이 대부분이다. 하지만 모임이 시작된 지 한 시간 정도가 지나면 이들은 다시 구석으로 숨어 버리고, 아무도 이들에게 관심을 보이지 않게 된다.

3월 － 맥주마차

맥주마차자리로 태어난 사람은 누구에게서나 신임과 존경을 받는다. 대부분의 사람들이 이들이 나타나면 시계를 맞출 수 있다고 생각한다. 이 별자리의 사람은 양보를 잘한다. 뭐니 뭐니해도 이들에게 최고의 달은 3월이지만 9월이나 10월도 좋다. 아니면 30°C의 한여름도 이들이 좋아하는 달이다.

4월 － 맥주병

맥주병자리의 사람은 매우 소극적이고 조용한 것을 좋아한다. 맥주병이 모두 똑같은 모양이듯 이들도 겉으로 보기엔 똑같아 보인다. 하지만 모두가 다른 개성을 가지고 있다. 성급하고 단순한 성격이 있는가 하면 어둡고 침울한 성격도 있다. 그러나 이들의 공통점은 다른 사람과 사귀는데 전혀 문제가 없고 인간관계가 좋다는 것이다.

5월 – 호프집

여러분이 만일 즐겁고 유쾌하게 저녁시간을 보내고 싶다면 이 별자리의 사람에게 초대받고 싶다고 슬쩍 말해보라. 왜냐하면 이들은 진심으로 사람을 따뜻하게 맞아주기 때문이다. 모두 다 그런 것은 아니지만 그래도 대부분이 요리를 잘한다. 아무튼 굶기는 일은 없을 것이다. 그러나 호프집에 가면 맥주와 관련된 것이 다 있기는 하지만 완벽하다고는 할 수 없다. 호프집도 쉬는 날이 있는 것처럼 이들도 마음을 굳게 닫을 때가 있다.

6월 – 맥주캔

캔 별자리를 타고난 사람은 '맥주상자'나 '맥주병'의 사람과 비슷한 점이 많다. 단지 이들이 더 융통성이 있고 변화를 좋아한다는 것이 다르다. 그래서 '맥주상자'의 사람처럼 어둡지도 '맥주병'의 사람처럼 냉담하지도 않다. 이 별자리의 사람은 맥주캔이 쓰레기 더미에 쌓여 있거나 산속에서 이리 저리 굴러다니듯 위험한 상황을 맞이하지만, 이들의 위치가 점차로 높아지고 있다. 그 이유는 캔의 재활용가치를 점차로 인정해 주기 때문이다.

7월 – 맥주파이프

이 별자리의 성격은 부정적인 면이 다소 많다. 타고난 경찰관의 성격처럼 무뚝뚝하고 유머가 없으며 항상 바른말만 하고 좀처럼 양보를 하지 않는다. 사회에서 그렇게 환영받는 타입은 아니라고 할 수 있으며 사람들 사이에서 인기가 없다. 그러나 이들은 성격이 분명하고 진지해서 뻥 뚫린 맥주파이프에 대고 한마디 하고 싶을 것이다.

8월 - 맥주인

물병자리가 가진 성격 그대로를 맥주인人이 가졌다고 보면 된다. 이 별자리의 사람은 중간 정도의 키에 진심어린 미소가 인상적인 - 남들이 도움을 필요로 할 때 언제나 그 자리에 있어 주고 같이 어려움을 나누는, 그래서 사람들 사이에서 꼭 있어야 할 사람이라고 꼽히는 - 그런 사람이다.

9월 - 맥주컵

수확의 계절인 만큼 이때 태어난 사람은 풍요와 부의 상징이라고 할 수 있다. 옛날에는 맥주컵이 가득 채우는 그 이상의 양과 기분을 잘 나타내 주었었다. 따라서 이 별자리의 사람도 아주 편안하고 시대에 잘 어울릴 줄 안다. 자기 의지대로만 하는 것이 아니라 모두를 생각해 주기 때문에 인기가 많고, 다른 사람에게 언제나 잘해주기 때문에 누구한테나 가장 이상적인 파트너가 될 수 있다.

10월 - 자동판매기

이 별자리의 사람은 무척 관대하면서도 주관이 있으며 이성을 잃지 않는다. 자기의 임무는 무슨 일이 있어도 완벽하게 하는 타입이어서 다른 사람들이 기대를 많이 한다. 그러나 이들에게선 '맥주인'이나 '호프집' 자리 사람들처럼 따뜻한 인간미는 찾아보기 힘들다. 그래도 사람들은 '자동판매기' 자리에게 감사하는 마음을 갖는 경우가 많다.

11월 - 오프너

오프너 자리의 사람은 겸손하고 눈에 띄지 않고 조용하다. 어떤 경우에도 먼저 나서거나 설치지 않는데, 이것은 주위환경 때문이라고 할 수 있다. 항상 사람들은 오프너를 안 보이는 곳에 넣고 쓰지 않는가 말이다. 필요해서 사용할 때만 존재를 느낄 뿐이다. 그래서 그런지 이 타입의 사람은 마음의 상처를 쉽게 받고 자신이 충분한 대우를 못 받고 있다고 생각하는 경우가 많다. 겸손한 성격을 잘 개발하면 어느 사회에서나 대접받는 훌륭한 구성원이 될 수 있는 것도 이들의 특징이다.

12월 - 거품

이 타입의 사람은 한마디로 정의하기가 무척 까다롭다. 맥주의 거품이 어떤 의미가 있는지 말하기는 힘들지만 없으면 술 마실 기분도 안 나고 분위기도 좋지 않듯이, 이들의 성격도 어떻다고 말할 수가 없다. 왜 있는지는 모르지만 없으면 영 조화가 이루어지지 않는 그런 사람이 '거품' 자리의 전형적인 모델이다.

광고 속의 맥주

맥주에 반해 맥주 마시는 것을 취미로 삼고 싶은 사람에겐, 맥주 광고가 큰 도움이 되고 있다. 지금까지는 그냥 무심히 지나쳤을 잡지의 삽화나 맥주회사가 막대한 돈을 들여 내보내고 있는 광고 등을 보면 맥주를 즐길 수 있는 멋진 아이디어를 얻을 수 있을 것이다.

맥주에 관련된 광고를 새로 만든다는 것은 아무 소용이 없을 뿐만 아니라 오히려 역효과를 가져올지도 모른다. 왜냐하면 맥주에 관한 광고에 등장하는 모티브가 너무 분명하기 때문이다. 기본이 되는 모티브는 세 가지가 있는데 이들 나름대로 세 단계의 순서가 정해진다.

첫 번째 모티브는 맥주 자체이다. 구체적이고 손으로 만질 수 있는 실제 잔에 담긴 맥주, 조명을 받아 번득이는 황금빛 맥주와 진주 같고 눈처럼 하얀 탐스런 거품이 미소 지으며 우리를 유혹하는 것이다. 맥주를 좋아하는 사람이라면 누구나 갖게 되는 소망, 그것은 바로 눈앞에 가득 채워진 맥주병이 놓여 있어 다음 잔을 마실 계획으로 흐뭇해진 기분일 것이다.

가장 기본이 되는 단계로 처음 시작할 때는 이것으로도 충분하다. 맥주 자체가 우리를 자극(?)해서 맥주를 마시고 싶다는 강렬한 욕망을 불러일으키기 때문이다. 그러면 우리는 커피나 차, 주스 또는 다른 음료수를 저 구석으로 밀어버리게 될 것이 틀림없으며, 단지 바라는 것은 맥주밖에 없게 될 것이다.

그 정도만으로도 충분한 광고 효과가 있으며 더 이상 바랄 것 없는 광고라고 할 수 있다.

두 번째 모티브는 한 단계 위에 있는 것으로, 사진이 우리에게 맥주뿐만 아니라 맥주를 마시는 사람까지도 보여주는 것을 말한다. 그림에서 볼 수 있는 것처럼 사진 자체로서의 맥주를 보여주는 것을 넘어서 맥주가 전달해 주는 분위기를 그대로 전해주기까지 한다. 얼마나 멋진 사람이 광고에 등장하는지, 또 맥주를 마시면서 얼마나 흥겨운 정담이 오고가는지 우리는 볼 수 있는 것이다.

한 가지 여기서 짚고 넘어갈 필요가 있는데, 그것은 맥주 광고에 등장하는 사람들이 맥주의 성격이나 분위기와 맞지 않고, 세련된 그들의 모습에는 오히려 샴페인 같은 술이 더 잘 어울린다는 것이다. 특히 맥주 광고에 나오는 젊고 멋진 여자들은 종종 부자연스럽기까지 하고, 그들의 태도는 왠지 어색하고 맥주와 어울리지 않는다.

광고에 자주 등장하는 젊고 유능한 사람들의 모습은 실제 맥주 마시는 사람들의 분위기와는 어쩐지 어울리지 않는 것이다. 또 머리가 희끗희끗하고 삶의 경험이 풍부한 중년의 남성도 호프집보다는 오페라하우스에 더 어울리지 않을까?

아마도 우리는 다음과 같이 큰소리로 말하고 싶을 것이다.

"성공하고 잘생긴 사람 대신 그냥 우리같이 평범하고 맥주를 좋아하는 사람들이 광고에 등장하면 안 될까요?"

자! 우리 같은 범인凡人을 위해, 건배!

하지만 마케팅하시는 어르신네들이 실제 맥주마시는 사람과는 상관없이 계속해서 그런 추상적인 이상형만을 생각하는 한 광고가 변하리라는 기대는 하지 않는 것이 좋겠다.

그나마 우리는 다행히도 광고 속에서 맥주가 혼자 마시는 것이 아니라 사람들과 어울려서 흥겨운 분위기를 연출할 수도 있다는 방향제시를 받을 수 있다. 다시 말해서 두 번째 모티브를 통해 맥주가 서로 친해지는데 중요한 촉매제가 된다는 사실을 보여주는 것이다.

세 번째는 자연 경관 속의 맥주이다. 맥주 광고에 등장하는 끝없는 벌판이나 잔디, 혹은 넘실거리는 파도 등을 보면 맥주가 한 편의 산문시 같다는 생각을 하게 된다. 드넓은 자연과 푸르른 하늘, 그리고 사람과 맥주가 모두 어우러져 하나된 것을 보고 있노라면, 우리 또한 영혼이 담긴 맥주를 자연에서 흠뻑 느끼고 싶은 충동을 받는다.

맥주 애음가에 대한 이미지 수정

코카콜라를 즐기는 젊은 세대들이 맥주 마시는 사람에 대해 가지고 있는 이미지는 만화같이 우스꽝스럽거나 혹은 고루하고 보수적인 모습이 지배적이다. 전형적인 맥주 애음가는 배가 나오고 멜빵바지에 모자를 쓴 40대 중년 남성 – 금방 재가 떨어질 것 같은 싸구려 담배를 입에 물고 카드놀이에 열중하고 있는 – 으로 상징된다.

물론 이런 상은 다른 분야에서와 마찬가지로 사실과 다르다. 굴뚝 청소부는 모두 시커멓고, 빵집주인은 모두 하얗고, 모든 교수가 다 정신이 없고, 예술가는 모두 자유분방하고 방탕하다고 말할 수 없는 것과 같은 이치이다. '약간'은 들어맞을지도 모르지만 '약간'이 무슨 의미가 있겠는가?

20대 중반의 마라톤 선수보다는 맥주를 즐겨 마시는 40대 아저씨가 뚱뚱해서 그런 얘기가 나왔는지는 모른다. 또 정년퇴임을 앞둔 맥주 애음가의 모습은, 아무래도 같은 사고방식을 가진 동료들과 기숙사생활을 하며 와인을 즐겨 마시는 사회학 전공학도보다는 더 어울린다.

맥주를 마시는 자리에서는 긴장을 푼 채 정치가 이러쿵저러쿵 하고 화제에 올릴 수도 있고, 아니면 프로축구에서 독보적인 자리를 차지하는 최강팀이 빠지면 어떻게 될까라는 등등의 얘기도 자연스럽게 오간다. 맥주는 항상 정신의 긴장을 풀어주고 흥을 돋운다. 그래서 맥주잔이 오가는 자리에서 나쁜 이야기는 거의 나오지 않는다. 보통 카페에서는 혹시 말 잘못했다가 큰일 날까 두려워 엄두도 못 낼 역사에 관한 이야기 등등이 맥줏집에서는 자연스럽게 오고간다. 맥주는 이런 사건을 똑바로 앞에 갖다놓고 뒤에 숨어있는 말, 예를 들면 '다른 한편으로 이러이러한 것도 잊어서는 안 되고 어쩌고……' 하는 등의 표현은 맥주 마시는 자리에서는 나타나지 않으며, 또 나타난다 하더라도 곧 효력을 상실하게 된다.

외상 맥주가 있었던 바빌론

고대 바빌론의 함무라비왕(BC 1728~1686) 때의 법전 360조항 중에는 맥주와 관련된 조문들이 있어 흥미롭다.

108조: 맥줏집 여인이 맥주 값으로 곡식을 마다하고 귀중한 은전을 요구하거나 곡물의 분량에 비해 맥주의 분량을 적게 주면 벌을 받을 것이며 물속에 던져지리라.

109조: 죄진 자를 맥줏집에 숨기고 관가에 알리지 않으면 그 주인은 사형에 처하리라.

110조: 수도원에 거주하는 여승 또는 사제가 맥줏집을 내거나 맥주를 마시러 주점에 들어가면 화형에 처하리라.

111조: 맥줏집에서 보통 맥주 60실라(1sila는 약 0.5리터)를 외상으로 주면 추수 때 곡식 50실라를 받으라.

이와 같은 법조문으로 보아 바빌론 시대의 주점은 정부에서 관장했다고 볼 수 있다. 바빌론의 탁월한 통치자였던 '네부카드네자르(Nebukadnezar, BC 605~562)'는 예루살렘을 점거해 유대인 포로를 바빌론으로 데려가 맥주 제조에 이용하기도 했다. 그 당시엔 일반맥주를 시카루Sikaru라 하고 단맛을 가진 맥주를 시라수Sirasu라 했으며 그 밖의 곡주를 쿠루누Kurunnu라 했다.

함무라비왕 시대엔 주당들이 맥주박麥酒粕이 빨려 나오지

79

않도록 대롱으로 맥주를 마셨는데 이러한 진풍경은 벽화에 잘 그려져 있다.

오늘날 가장 보편적인 주류의 하나로 자리잡은 맥주의 나이가 그렇게 오래 되었다는 사실이 실로 놀랍기만 하다.

맥주의 제조 방법을 벽화나 조각으로 많이 남겨놓은 이집트는 맥주 제조업을 산업형태로 발전시킨 것에 대한 가장 오랜 흔적을 보여주고 있다. 특히 이집트에는 여러 종류의 맥주가 있었고, 아랍민족의 침략 후에도 맥주 기술이 보존되어 그 기술은 에티오피아로 전래되었다.

히브리 민족도 이집트를 유랑할 적에 맥주 제조기술을 습득하여 후에 가나안 지방에 맥주 양조장을 세웠고, 그들은 맥주를 세카Sechar라고 불렀다.

드라이 맥주

'드라이Dry'는 '스위트Sweet'에 반대되는 말로서 보통 생맥주가 조금 단맛이 나고 알코올 농도가 그렇게 높지 않은 반면, 이 드라이는 약간 높은 알코올 농도에 마실 때 산뜻한 기분을 주고 흔히 말하는 쏘는 맛이 스위트에 비해 높다. 실제로 보통 맥주는 알코올 농도가 4.0%인데 이 맥주는 4.5%로 0.5가 높고 당분 함량도 적은 것이 특징이며, 발효도를 90%정도(보통은 84%)로 높여 보리에 들어있는 엑기스(주성분 당분)를 적게 함으로써 이와 같은 맛을 내고 있다. 즉 텁텁한 것보다 부드러우면서 산뜻한 맛을 내 아무리 마셔도 싫증이 나지 않는다는 특성을 가지고 있다.

그러나 이 같은 드라이 맥주의 시초가 어디였는지는 분명치 않다. 한때 미국에서 소규모 양조회사들이 처음 개발하여 소량으로 시판해 왔다고 하며, 일본에서는 기린맥주가 'News'라는 브랜드로 시판하였으나 별 호응을 얻지 못하였다고 한다. 그러나 본격적으로 드라이 맥주가 맥주의 한 유형으로 정착하게 된 것은 1987년 3월 일본의 아사히맥주사가 '수퍼드라이'라는 신제품 맥주를 발매하여 공전의 히트를 기록하면서 세계적인 화제가 된 이후부터라고 할 수 있다.

맥주 축제

술과 축제는 '바늘과 실'과 같다. 특히 명주名酒의 생산지에서는 수확을 축하하기도 하고 오랜 관습의 전통을 지키기 위해 축제를 열어왔다. 그래서 어느 민족, 국가, 지역이든 술과 관련하여 그들 나름의 예식을 치른 뒤에 마시고, 노래하고, 춤추는 풍속과 축제를 소중히 여기고 있는 것이다.

맥주와 관련된 가장 대표적인 축제는 독일 뮌헨의 맥주 축제인 '옥토버페스트'로서 세계적으로도 널리 알려져 있다. 이 축제는 9월 말에서부터 10월에 걸쳐 약 2주일간 진행되며 전세계의 맥주 애호가들이 약 600만 명 이상 모인다고 한다. 그 기원은 1810년 바이에른의 황태자와 테레사 공주의 결혼을 축하하는 축하연에 시민들이 합세한 것이 시초이다. 지금은 가을의 수확을 감사하며 서로 맥주를 주고받는 축제로 확대되었다.

대회장인 '테레즈이엔 비제'의 광장에는 4000명 이상을 수용할 수 있는 대형 텐트의 '비어홀'이 들어서고, 전 세계에 그 명성이 알려진 유명 메이커의 맥주를 비롯하여 이날을 위해 특별히 양조된 특선 생맥주가 이 기간에 600만 리터나 소비된다고 한다.

축제의 첫날은 반드시 토요일로 결정되는데 맥주단지를 가득 채운 마차를 따라 시장이 입장하게 된다. 목장의 중심 호프브로이(뮌헨의 궁중 양조장)의 천막 앞에서 축하의 맥주를 술단지로부터 시장이 따르면 테레즈이엔 언덕에서 축포가 터지는 신호와 함께 잔을 높이 올려 개최를 선언한다. 둘째 날은 축제의 퍼레이드가 열린다. 이때 뮌헨의 상징인 황색과 흑색의 춤복을 입고 말에 올라탄 미녀를 선두로 민속의상으로 몸치장을 한 남녀그룹과 맥주단지를 실은 마차 등이 시내를 행진하게 된다. 이렇게 음악대와 민속무용단은 물론 맥주통을 실은 꽃마차 등의 퍼레이드가 이어지면 축제무드는 고조되어 마시고 노래하는 등의 대소동이 2주일간이나 계속된다.

원래 테레즈이엔 광장은 양들이 떼 지어 다니던 목장으로서 세로 1000m, 가로 500m의 목축장이었던 곳이다.

맥주광고 컨셉 개발 - Coors

쿠어즈사는 대학생들을 대상으로 한 조사에서 맥주에 대한 개인적 선호도, 브랜드 인지도, 매체접촉도, 과거 광고회상도 및 광고 크리에이티브 전략 등에 대하여 소비자행동 조사를 실시하였다.

즉 캠페인 주제에 대한 커뮤니케이션 효과를 파악하기 위하여 조사 대상자들에게 질문서를 이용하여, 그들의 전반적인 관심사에 근거를 둔 9개의 맥주광고 컨셉에 대하여 순위를 매기도록 한 것이다. 쿠어즈사의 광고 컨셉은 'What if'와 'Taste the high country'고 4개의 경쟁사 광고 컨셉은 부쉬의 'mountaineering', 레벤브로이의 'good friend', 그리고 버드와이저의 광고는 사진을 통해 파괴를 묘사하는 테마 등을 중심으로 소비자 반응을 조사하였다.

이상의 테마에 대하여 조사 대상자들의 조사 결과를 근거로 개발된 3개의 컨셉은 다음과 같다.

- 게임에 관련된 주제: 대학생들 사이에 인기 있는 창던지기 놀이, 핀볼, 주사위 놀이 등과 같은 일련의 일상게임, 실내 오락 등을 맥주와 관련시킨다.
- 스포츠에 관련된 주제: 스포츠에서의 뛰어난 순간을 '쿠어즈 컵Coors Cup'이나 맥주마시기 대회 등과 관련시켜 활동적인 스포츠 장면을 묘사한다.
- 광기狂氣에 관련된 주제: 대학가에서 재미있고 자발적이며, 대학생활에 광적일 정도로 재미있고, 유행되는 것을 강조한다.

목표집단의 반응 결과

대다수의 반응자들이 선호한 광고 컨셉은 대학생의 생활양식, 놀이, 유머 등에 주안점을 두고 있었다. 이에 따라 가장 높은 비중을 차지한 광고 컨셉은 대학광기(College Craze)이며, 다음이 'game'과 'good friend'로 각각 나타났다. 반응자들은 이러한 광고 컨셉이 대학시장에서 흥미를 유발시켜 직접적인 효과를 발휘할 수 있는 것으로 느끼고 있었다.

한편, 야외활동이나 모험·스포츠·고독한 생활 등을 묘사하는 광고 컨셉인 'Taste the High Country' 'Mountaineering' 'Coors Cup'이라는 주제는 각각 6, 7, 8위를 기록하였다.

이러한 컨셉에 대한 몇몇의 연구 결과에 따르면, 대다수의 맥주 음용자들이 '많은 맥주 광고가 모두 비슷하고, 광고가 똑같이 보인다'라든가 '나는 밖에서 운동할 때 맥주를 마시고 싶지 않다'라는 반응을 보였다고 한다.

광고 캠페인 테마

쿠어즈사는 이상의 제반 조사결과를 분석한 후 대학의 광기(College Craze)라는 광고 테마가 쿠어즈사의 광고 목표를 달성하는데 가장 효과적인 접근 방법이라고 평가하였다. 또한 'Game'이라는 광고 테마는 오늘날 미국의 대학가에 상당한 인기를 얻고 있기 때문에, 이를 'College Craze'라는 광고 컨셉에 포함시켰다. 그리고 'College life'라는 캠페인 테마는 일상적인 대학생활을 쿠어즈의 프리미엄 맥주와 연결시켜 쿠어즈 맥주를 즐겁고 대중적인 맥주로서 특성지음으로써 호의적으로 인식하도록 하였다.

쿠어즈사는 자사의 광고 테마를 경쟁사의 것과는 분명히 차별화 시켰다. 이는 쿠어즈 맥주 광고를 다른 경쟁사들이 사용하는 캠페인과 유사하게 할 경우 가질 수 있는 이미지의 혼동을 제거하기 위해서였다. 그러나 더 큰 요인은 'College Craze'라는 광고 컨셉을 조사 대상자들의 많은 사람들이 매력적인 것으로 생각하였을 뿐 아니라, 특히 쿠어즈 맥주의 음용자들은 실제로 더 알고 싶어 하였다.

결국 대학시장에 특별한 광기를 묘사하는 것은 호기심

(curiosity)뿐만 아니라 기억력(memorability)을 높이기 위한 것이었다.

실행

쿠어즈사는 그동안 대학 맥주시장에 수차례에 걸쳐 인쇄광고(print ads) 캠페인을 실시하였는데, 이 인쇄광고는 쿠어즈사의 시장지역 내의 대학신문에 게재되었으며 또한 교통광고(transit ads)와 옥외광고(out-door ads)는 보디 카피body copy가 없이 신문광고와 유사한 비쥬얼 접근방법(visual approach)으로 실시되었다.

쿠어즈사의 인쇄 및 방송광고(broadcast ads)는 다음과 같다.

- 쿠어즈와 함께 자신을 표현한다 – 비쥬얼 효과는 'living droodles'라고 불리는 고무와 같은 얼굴표정으로 묘사
- 당신의 밤을 쿠어즈와 함께 – 밤의 'tuck-in' 서비스와 세레나데
- 승리의 순간을 쿠어즈와 함께 즐기세요 – 많은 사람이 모인 바bar의 당구대에서
- 쿠어즈와 함께 최대의 서비스를 – 해변 배구대회
- 쿠어즈와 함께 신나는 파티 – 전자오락을 즐기는 대학생
- 쿠어즈와 함께 바른 길로 가세요 – 댄스 마라톤
- 쿠어즈와 함께 최상을 즐기세요 – 바bar에서 창던지기 경기
- 쿠어즈와 함께 얼음을 깨세요 – 겨울 얼음축제

맥주상식 Q&A

1) 맥주의 쌉쌀한 맛은 왜 생기는 걸까?

맥주 특유의 쌉쌀한 맛은 호프에서 우러난 것으로서 입맛을 돋우기도 하고, 이뇨작용을 하게도 한다.

2) 맥주 500ml 한 병을 만드는 데 얼마만큼의 원료가 필요할까?

약 60g의 맥아麥芽, 약 0.3g의 호프hop, 약 15g의 전분이 사용된다.

3) 병맥주와 캔맥주는 맛의 차이가 있을까?

내용에 전혀 차이가 없는, 같은 맥주가 들어 있다. 특히 캔

맥주의 경우, 안쪽에 수지樹脂를 도자하여 금속이 맥주의 품질에 영향을 미치지 못하도록 처리되어 있다.

4) 맥주병에는 왜 색이 들어가 있을까?

맥주는 일광에 매우 약하여 직사광선에 노출되면 맥주 성분이 햇빛에 반응하여 일광취가 생기거나 맛이 변하게 된다. 투명한 병은 즉각 그런 영향을 받기 때문에 일광을 차단하는 다갈색이나 짙은 녹색의 병을 사용하는 것이다. 그러나 이와 같은 유색有色 병에 넣어도 빛을 완전히 차단할 수는 없으므로, 맥주는 볕이 들지 않는 서늘한 곳에 두되, 될 수 있는 대로 빨리 마시는 것이 좋다.

5) 병맥주는 어느 정도 보존할 수 있을까?

관리나 보존 상태에 따라 차이가 있지만 보통의 맥주는 효모의 작용을 억제시켰기 때문에 반년 정도는 괜찮다.

6) 맥주병 어깨 쪽의 조그만 돌기는 왜 있는 것일까?

큰 병의 어깨 쪽에 있는 그 돌기는 '널링'이라고 불리는 것인데, 부딪쳤을 때의 쇼크를 줄이고 병이 깨지는 것을 막기 위해 고안된 새로운 병의 규격이다.

7) 컵이 더러우면 거품이 거의 나지 않는 것은 무슨 까닭일까?

컵이 더러워져 있거나 특히 기름이 묻어 있으면 거품이 나지 않고 또한 나더라도 즉각 사라져 버린다. 그것은 탄산가스를 감싸고 있는 거품이 유류에 의해 표면장력을 잃어 거품을 지탱하는 힘이 약해지기 때문이다.

또한 비누나 세제가 컵에 남아 있어도 맥주의 거품은 잘 나지 않는다. 맥주의 거품을 곱게 내기 위해서는 컵을 깨끗이 씻은 후 흐르는 물로 잘 헹구고 행주로 닦지 않은 채 그대로 건조시키는 것이 좋다.

8) 맥주는 제품이 될 때까지 며칠이나 걸릴까?

적어도 100일은 걸린다. 맥주보리를 맥아로 만드는 데 약 10일, 맥아의 후숙 기간은 1개월 이상 걸린다. 또한 맥주를 발효시키는 데 약 1주일쯤 걸리며 발효가 끝난 후 숙성시켜 맛과 향을 풍부하게 하는 시간도 필요하다. 그리고 숙성이 끝난 후 맥주를 맑게 여과하여 병에 담고 저온처리를 해야 맥주가 제품으로 완성된다.

9) 맥주에는 방부제·색소·향료 등이 사용될까?

맥주에는 방부제·색소·향료 등이 일체 사용되지 않는다.
쌉쌀한 맛, 맑은 호박색, 산뜻한 맛 등은 모두 자연의 원료로 만들어지는 것이어서 맥주는 완전한 자연 식품이라고 할 수 있다.

10) 맥주는 액체로 된 빵?

맥주는 흔히 액체로 된 빵이라고 한다. 맥주가 빵에 못지않게 영양 있는 음료라는 뜻이다. 맥주에는 지방분은 없지만 단백질, 당질, 미네랄, 비타민B군 등의 영양소가 들어 있는데다 맥주의 알코올은 인체 내에서 연소하면서 상당한 칼로리를 만들어 낸다. 그래서 맥주는 건강 유지에 도움이 되는 일종의 양식이라고 해도 과언이 아니다. 그런데 『맥주 500년』이라는 책을 쓴 호프만은 맥주가 액체로 된 빵이라고 불리게 된 어원을 고대에서 찾고 있다. '맥주를 마시는 식량이라고 표현하게 된 것은 고대에서 맥주를 비어 브레드로 빚은 데서 유래한다'는 것이다.

11) 여름과 겨울의 맥주는 맛에 차이가 있을까?

맥주의 맛 자체는 계절에 의한 차이가 없다. 다만 기온이나 온도 등의 영향, 또는 마시는 사람의 기분이나 컨디션, 그리고 같이 먹는 요리 등에 따라 맛이 다른 것처럼 느껴질 뿐이다.

12) 맥주의 거품은 어떻게 해서 생기는 걸까?

맥주를 맛있게 먹기 위해 빼놓을 수 없는 맥주의 거품은 맥주 속의 단백질·탄수화물·홉수지 등이 탄산가스의 기포에 부착하여 생긴 것이다. 천연의 원료로 생긴 거품이므로 비누거품처럼 오래가지는 않는다.

13) 맥주의 영양분은?

보편적으로 맥주 100ml 중의 영양소는 단백질 0.5g, 탄수화물(당질) 3.1g, 칼슘 2mg, 철분 0.1mg, 비타민B$_2$ 0.02mg으로 되어 있다. 칼로리는 37cal이다.

14) 맥주를 냉동실에서 차게 해도 될까?

맥주는 얼면 향이나 성분의 조화가 깨져 제각기 그 맛이 분리되어 맛이 묽어지고, 좋지 않은 쓴맛만이 강하게 느껴지게 된다. 맥주를 냉동실에서 차게 하는 것은 맛을 버리기도 하거니와 병이 깨질 염려도 있기 때문에 반드시 피해야 한다.

15) 왜 맥주를 덧따르는 것은 좋지 않다고 하는 걸까?

컵에 남아있는 맥주에는 탄산가스가 빠져 있다. 여기에 맥주를 덧따르면 혼합되어 신선한 맛이 약해지고 맥주맛이 없어진다.

그러므로 맥주는 다 마신 뒤에 따르는 것이 원칙이다. 최후의 한 방울까지 거품이 남아있지 않도록 다 마시는 게 좋다.

16) 맥주의 살균은 약 60°C에서 행한다는데, 그것으로 충분할까?

본래 맥주 속에는 죽이지 않으면 안 될 미생물은 없으므로 정확히 말한다면 살균은 아니다. 효모의 작용을 멈추게 하기 위해서는 약 60°C로 충분하다고 할 수 있다.

이와 같이 하여 효모의 작용이 멈추면 맥주의 품질은 안정되고 오래갈 수 있다.

17) 보통맥주와 생맥주는 어떻게 다를까?

보통맥주는 용기에 맥주를 채운 뒤 파스퇴라이저로 약 60°C의 온수 샤워를 끼얹어 효모의 작용을 멈추게 한 것을 말하고, 생맥주는 이와 같은 열에 의한 처리를 행하지 않은 것을 말한다.

18) 맥주의 색깔은 어떻게 생기는 걸까?

맥주 특유의 풍미·향기·호박색 등은 맥아에서 생긴다. 맥아는 맥주대맥을 물에 담가 발아시킨 후 그것을 말려서 만든다.

맥아 건조 시에 열풍을 보내는데, 그때 맥아 중에 존재하는 단백질의 구성분인 아미노산과 전분의 구성분인 당류가 반응하여 갈색의 물질이 생긴다. 그와 같은 반응을 '메이라드 반응'이라고 한다. 마찬가지로 빵이나 비스킷을 구울 때의 좋은 향과 브라운 색깔도 그런 반응에 의한 것이다.

19) 맥주도 숙취를 하는가?

맥주는 알코올이 약 4.5%로 적고, 이뇨작용이 있기 때문에 숙취가 어렵다. 간의 작용이 수면 중에는 둔화되기 때문에 잠자기 전에 강한 술을 많이 마시면 숙취하기 쉽다.

20) 맥주의 빈 병은 어떻게 처리 되는가?

맥주의 제조에는 새 병과 헌 병을 쓰고 있다. 회수한 병을 다시 사용하는 것은 자원 재활용이나 환경 보존의 측면에서도 바람직하다고 볼 수 있다. 병의 내구연한은 평균 4.5년인데, 그 사이에 16-20회 정도 사용된다. 회수된 병은 병 검사 과정에서 엄격히 체크가 되어 상처가 있거나 더러운 것은 폐기되고 일정 수준의 것만 다시 활용된다.

21) 마시기 좋은 맥주의 온도는?

각자 기호가 다르기 때문에 사람에 따라 맥주의 알맞은 온도는 다르다. 하지만 미지근한 맥주로는 맥주의 진짜 맛을 알 수 없으며 너무 차도 맛이 떨어진다. 대체적으로 냉장고에서 차게 할 때 여름에는 마시기 전 3~4시간, 겨울에는 2~3시간 넣어 두었다가 마시는 것이 좋다.

맥주의 세계

초판발행 2008년 4월 25일 | 2쇄발행 2009년 7월 1일
지은이 원융희
펴낸이 심만수 | 펴낸곳 (주)살림출판사
출판등록 1989년 11월 1일 제9-210호

주소 413-756 경기도 파주시 교하읍 문발리 파주출판도시 522-2
전화번호 영업·(031)955-1350   기획편집·(031)955-1357
팩스 (031)955-1355
이메일 book@sallimbooks.com
홈페이지 http://www.sallimbooks.com

ISBN 978-89-522-0869-9 04080
       89-522-0096-9 04080 (세트)

책임편집·교정 정회엽

값 9,800원